倾心育德 静待花开

——深度德育实践探索文集

马友平　黄青春　主编

吉林大学出版社

·长春·

图书在版编目（CIP）数据

倾心育德　静待花开：深度德育实践探索文集 / 马
友平，黄青春主编 . -- 长春：吉林大学出版社，2020.6
ISBN 978-7-5692-6529-3

Ⅰ . ①倾… Ⅱ . ①马… ②黄… Ⅲ . ①德育－教学研
究 Ⅳ . ① G41

中国版本图书馆 CIP 数据核字 (2020) 第 086859 号

书　　名　倾心育德　静待花开——深度德育实践探索文集
　　　　　QINGXIN YUDE JINGDAI HUAKAI——SHENDU DEYU SHIJIAN
　　　　　TANSUO WENJI
作　　者　马友平　黄青春　主编
策划编辑　曲天真
责任编辑　曲天真
责任校对　张文涛
装帧设计　西　子
出版发行　吉林大学出版社
社　　址　长春市人民大街 4059 号
邮政编码　130021
发行电话　0431-89580028/29/21
网　　址　http://www.jlup.com.cn
电子邮箱　jdcbs@jlu.edu.cn
印　　刷　天津兴湘印务有限公司
开　　本　880mm×1230mm　　　　1/32
印　　张　6.25
字　　数　150 千字
版　　次　2021 年 1 月　　第 1 版
印　　次　2021 年 1 月　　第 1 次印刷
书　　号　ISBN 978-7-5692-6529-3
定　　价　36.00 元

编委会

华附心语　静待花开（序言）

——读华中师范大学宝安附属学校教师教育叙事集锦有感

特级教师　刘书平

　　教育叙事是以叙述、讲故事的形式记录在教育实践、教育生活中发生的各种教育事件和发人深省的动人故事，表述在实践过程中的亲身经历、内心体验和对教育的感悟。教育叙事即为一种叙述化的教育反思。深入开展教育叙事研究对提高育人队伍的自身素质和德育工作的有效性都将产生积极的影响。

　　华中师范大学宝安附属学校自建校以来就遵循德育为先、立德树人的德育理念，创新开展了"深度德育"的实践探索，见微知著，可圈可点。在我看来，"深度德育"的框架应从"对育人对象的尊重度、育人内容服务于学生当下生活的紧密度、育人队伍的关爱度、育人工作考评的可信度"等层级进行具体的架构。说千道万，重在实干。

"深度德育"工作的展开和目标的实现，必须依靠一支师德高尚、爱岗敬业、团结向上、积极进取的教师团队，而教师团队的精神内核与灵魂又是其职业价值观。只有在教师的思想深处建立一套高尚的职业价值观，只有在职业价值观方面达成了共识，才算真正有了职业灵魂，才会有职业荣誉感、幸福感，促使教师完成从以"教书为生"到"教育为业"的跨越，积极追求事业的成功；才会对学校及教育产生认同感、归属感，提高工作和生活的满意度；才会以教书育人为终身追求，真正实现自己的生命价值。

我们欣喜地看到，华中师范大学宝安附属学校能始终继承并发扬华中师范大学优质高端的教育文化及基因，践履以职业价值观来引领教师发展。在几年的办学实践中，学校形成了"一二三四五"教师职业价值体系：

一是一个追求：做人民满意的华附教师，为实现自己的生命价值而工作。

二是两大习惯：良好的工作习惯、良好的思维习惯。

三是三种意识：道德意识——师德、慎独、遵章、合作；效率意识——不断积累反思，事毕堂清，上传下达，保质保量；成长意识——确立目标，不断充电，比学帮超，完善自我。

四是四层用心：爱心、细心、耐心、责任心。

五是五方面要求：敬畏职业、尊重学生、躬身示范、自主发展、和谐共育。

今天展现在大家面前的教育叙事，有的是教师亲身经历的教育事件，有的是真实客观的教育冲突，有的是教师对教育问题的个性思考……无论是老师们在实践中对柏拉图式教育的美好设想——"理想国"（希望每个人都各安天命地守护自己的生命价值）的考量，还是对卢梭所憧憬的自然人的理想形象"爱弥尔"（自然主义教育培养出的新型模特儿）的审视，我们都不难看到，华附的教师在教育中反思，在反思中成长。老师们肩负时代育人的站位高度和悦生尽责的情怀厚度，渗透在字里行间，这无疑是对应深度德育的有力佐证和实效彰显！有"温度"的极具华附特质标识的深度德育，育人从"育心"开始，人同此心，心同此理，华附心语，静待花开。教育叙事是只不过是华附教育人行走在深度德育探索实践道路上的良好发端，今后会渐入佳境。我们完全有理由相信，凭借着华中师范大学宝安附属学校的育人团队执着的爱生情怀及对教育工作孜孜不倦地追求，为祖国培育华附英才的教育宏愿一定会早日实现！

刘书平

2019 年 12 月 11 日

深度德育实践活动剪影

每年 3 月 5 日举行学雷锋活动

每学期两次消防安全教育

每月一次班主任读书交流

每年举行读书月跳蚤书市活动

热闹的读书月跳蚤市场

我们的合唱队

家长学校定期培训

家长学校定期培训

家长学校定期培训

家长学校培训——《爱．回家》

家长学校培训——《尊重规律之玩转学习力》

隆重的开学典礼

隆重的开学典礼

每年举行科技节

科技节硕果累累

六一精彩诗音画

六一各班学生精彩展演

六一学生精彩展演

亲子趣味运动会

亲子趣味运动会

我们的红领巾云小队

小一入队仪式

少代会

少代会

少先队辅导员专项培训

深度德育特色

校园亲子运动会

推普经典 爱国团圆

校园运动会

星级评价栏

学前规范教育

学前规范教育

每周评选优秀中队

寻绿之旅 植树节活动

运动会硕果累累

每年两次运动会

做华附学子最幸福的妈妈

每年 11 月 1 日长跑日

目录

亦师亦生

王月梅

孔子曾说过一句话："三人行，必有我师焉"，意思是说几个人同行，其中一定有人能成为我们的老师。而经过一个学期的接触和相处，学生们让我更深刻地领悟到这句话的精妙之处：在我和学生们的关系中，我是他们的班主任和语文老师，但某种程度上他们也一直在"教育"着我如何成为一名好老师。可以说，我们之间互为师生。这个发现，源于一次我对学生的观察。

我们班有一部分孩子经常比较早就来上学。每天晨读前的 10–20 分钟，他们就会陆陆续续来到教室。因此，开学初我就交代他们，到教室就拿出语文书，在科代表的带领下朗读课文。学生们很听话，科代表也很自觉，即使有时候我还没有到教室，他们也能自觉地读书。有一天早上，我来到教室时，孩子们已经在认认真真地读书，科代表也有模有样地带领和监督同学们读书，其中有一两个调皮鬼和分心大王还在东摸摸西看看。那一天，我没有直接去提醒那几个孩子，而是坐在教室后面的办公桌，悄悄地观察起我的"小助理们"。

　　两位科代表一本正经的样子，昂首挺胸，把语文书拿在手上却不打开，也不和同学们一起读，踱着小步在教室里走来走去，小眼睛盯着每一位自己经过的同学。由于他们是成绩比较好的学生，大部分孩子还是服从管理的。正当我暗自称赞科代表的表现时，出现了我意想不到的一幕：科代表走到一位正在低头画画的孩子旁边，用书拍了一下他的桌子，低头画画的学生正全神贯注于自己的地下娱乐，毫无防备地被人一拍，先是大惊，以为老师来了，抬头一看，原来是科代表，他的小脸先是一阵通红，满面羞愧；继而怒火中烧，用眼睛恼怒地瞪着科代表。科代表一看他这种桀骜不驯的反映，也来气了，又"啪"的一声用书敲他的桌子，这一次力气更大，声音更响，旁边正在读书的同学都被吓了一跳。被敲桌子的孩子更来气了，用一种又生气又莫名其妙的表情狠狠地盯着科代表，一副"你到底想要我做什么？"的神情。科代表恼羞成怒，说："你快拿出语文书来读！"想不到分心鬼反驳一句："可是你为什么要敲我的桌子？"科代表被他这么一问，又气又急，但又不好发作，只好又严肃地说："你快读书！"分心鬼置若罔闻，虽然停止了画画，但却拖拖拉拉，这里摸摸，那里找找，心不在焉，硬是拿不出语文课本来读。科代表看着无可奈何，涨红了脸，气鼓鼓地过来找我这个班主任来求救了。

班主任来了，所有调皮鬼和分心大王都回归正常，认认真真读书。

我对科代表说，你也要做好小榜样，带头读书，不能只顾着管别的小朋友；你要温柔一点、轻轻地拍拍他的手或肩膀，不要用书大力拍桌子。刚说完，科代表张口读了几句就忘记了，踱来踱去只顾监督同学。看到这一幕，我哭笑不得，只好默默地观察着我的科代表，想着下课再跟他好好谈一谈。看着看着，我惊恐地发现，科代表的那副神态多么像我啊！当初教学生读书的时候，我不也没有和他们一起读吗？起个头就算了。巡查学生，看到不认真的孩子，我生起气来，不也是用书拍他的桌子吗？监督学生，我不也是常常用严厉的眼神吗？科代表的观察能力和模仿能力真是一流，没有手把手教过，但一招一式已经学得炉火纯青，有过之而无不及。想到这，我只能埋怨自己没有给孩子树立一个好的榜样。

后来我又有意识地观察了其他学生。自习课，班长双手放在背后，神情严肃、目光严厉，在讲台上踱步观察同学们的表现；课前班干部模仿老师的语气大声喊："请安静！"。虽然班干部努力地帮助老师维持班级秩序，但效果并不好。我在一次次的观察中越加感到惭愧，因为我在他们身上看到了自己的影子。天真可爱的孩子们，不都是在模仿我吗？我自己都没有做好榜样的引领作用，又怎么能要求我的小助理们去树立榜样作用呢？又怎能要求所有学生都听我的呢？我再留心观察，发现我笑得比较多的时候，孩子们也笑的比较多；我生气的时候，孩子们也不自觉地带有一种低沉的氛围。这种影响力震撼了我，学生的向师能力和学习能力也深深地感动着我。

我的学生们用他们的表现给我上了一堂生动的课。经过一番深深的反思之后，我的一举一动、一言一行也更加谨慎了，并且时刻注意作为老师的示范作用和榜样的力量。此后，我经常观察学生，一方面留意他们有没有取得进步，另一方面也把学生当作一面镜子，来照一照自己教育上的不足。学生总是爱发脾气，是不是我最近没有留意到他们的情绪？先不着急批评，叫来聊一聊了解情况再说。学生总是互相碰撞向我投诉，是不是在"不允许追逐打闹"这一方面还没有跟他们说清楚？我养成了先自我反思，再酌情批评学生的习惯，这都是学生教给我的。其实可爱的学生们还教会了我很多，当他们来到学校，开心地跟你说："老师好！"时，他们教会了我要多微笑；当他们被我批评了一番，过一会儿又过来抢着帮我发作业时，他们教会了我宽容；当他们毫无保留地把自己最喜欢的玻璃珠送给我时，我懂得了那些小物品的珍贵，没收了的玩具一定记得到时候还给他们……他们让我懂得，无论自己有什么烦心事，在学生面前，一定要做一个笑容灿烂、温柔亲切、热爱学生的老师。老师开心，学生才会更开心。老师就像太阳，学生就像一朵朵向日葵。太阳要每天出来，向日葵才有追随的方向。学生们一个个都是我的小老师，不可小觑。

爱弥儿牵手小黑妞走进理想国

黄青春

《爱弥儿》是法国资产阶级民主主义者、杰出的启蒙思想家卢梭的重要著作。捧读这本书，让我感受最深的就是"要尊重儿童的天性，让其天性充分自由地发展，会使儿童将来获得快乐和幸福。"

这句话给我的教育教学生活带来了新面貌。

记得那是一个夏日，我走进四年级的教室接任一个新班级，开始我教学生涯的又一个年头。

"老师，小黑妞哭了。"循声望去，一个矮小的女孩正趴在桌子上哭泣，最明显的是这个孩子的皮肤比其他同学黑了许多，乍一看，以为是非洲人。"你刚才叫她什么？她叫什么名字？""老师，我们从一年级开始就叫她小黑妞，你瞧她皮肤黑里透着黑呀，还是黑里透着黑。"一男生嬉笑着边回答我边跑开了，同时也惹得小女孩哭得更伤心了。我知道这个小女孩在自己新老师面前，原本是不愿意以"小黑妞"这个诨号与我相识的，她的名字叫小汀。

下午刚放学，小汀的妈妈就到办公室找到了我。经她介绍才知道，小汀是因为五岁时生病被一种针药过敏导致全身皮肤变黑，无法恢复原状。这位妈妈还特意带来了孩子生病前有着白皙而健康的皮肤的照片，交流中，妈妈的话语不时流露出深深地遗憾，我能感受到这个孩子皮肤的问题已让全家人心头蒙上了阴影。妈妈还透露出这个孩子在家里学习也极不自觉，且与两个弟弟关系不和谐，甚至有一次，小汀将弟弟关在房间准备用枕头捂死，理由很简单——都是因为弟弟的出现剥夺了妈妈对她的爱，才让她遭此劫难。

可怜的孩子！可怖的想法！病魔不仅折磨了人的身体，也摧残了人的心志。教师的重任又何止在传授知识？《爱弥儿》告诉我们，教师需要把教育与儿童的生活相结合，帮助孩子构建一种更美好的生活。

小汀四年级的生活就这样在我的关注中开始了，上课的时候我会多看上她两眼，鼓励她多举手回答问题，但多半提问因为她声音太小，我只好在自圆其说中结束；班级班干部每月轮换都看不到她的申报表，在我再三鼓励下她才选择做了个卫生组长；家庭作业经常忘了做，放学时我得陪着她补作业；校服裙有时会穿反了面，我会悄悄告诉她去洗手间换过来……是的，不论怎样，我一直在努力，尽管结果并没有像我所想的那样令人满意。

但让我惊讶的是学校开设课外兴趣班，要求每位老师承担一门课程，我负责的是书法班，小汀竟然第一个报名参加书法班。来自四到六年级的学生汇聚在一起，小汀竟然跟我有了特别的亲密感，主动担任小组长，主动帮我点名签到，在陌生同学组成的群体里她俨然成了老师的小秘书，黝黑的小脸蛋儿逐渐有了笑容。练字的认真劲儿更是我经常表扬的对象，令人欣慰的是中年级组书法比赛她得了一等奖。我将她的作品放在班级精心制作的宣传栏展示，这儿成了她下课必关注的地方。

随着班级管理的逐渐成熟，我开始创建班级特色刊物。同学们眼看着自己的文章将被印成铅字儿以报纸的形式出版，个个欢天喜地。在设置栏目时，为了发挥榜样的作用，我特意专设了一个"名人风采"版面，在这一版面，将全面展示一个同学的作品及其家长寄语。说实话，在确定这个人选时，我很是踌躇了一番，与其把这个机会给大家公认的优秀者，还不如借机做个敲门砖，兴许能激发某个同学的小宇宙呢！抬眼看到大家有色眼镜下的"小黑妞"，我毅然决定今天去家访。

当我说明来意并给小汀提出要求时，家长先是惊讶继而高兴得不知说什么好，而小汀则迅速翻出自己的作文本开始安排打印。在接下来的三天里，我陆续收到她发来的八篇电子档文章：《我感动了》《一串快乐的音符》《相信自己 你是最棒的》……她在作文中写道"那一次，我的作文又得了 A+，老师要求我读给全班同学听，我很害怕，可是我不能拒绝，只能闭上眼睛等待同学们的嘲笑……当我读完作文，班上却想起了雷鸣般的掌声，那一刻我全身热血沸腾，胆小自卑的细胞一瞬间全逃跑了……"我含着泪花一遍又一遍读着这些文章，稚嫩的笔端流泻出的款款真情令人深深地感动。

我们班的第一期班报终于如期出版，五彩的画面，生动的文笔吸引着每一位同学。发下报纸的那一刻，教室里异常安静，但却能看到每一个孩子脸上洋溢着幸福的笑容。在"名人风采"栏目，小汀的六篇文章，四张美照编辑得爽心悦目。下课铃响起的那一刻，我看到很多同学不约而同拥向小汀，那是羡慕的眼神，那是由衷敬佩的交流……据小汀妈妈说，那天晚上小汀久久不肯睡觉，甚至一手拿着报纸，一手摸着脸蛋儿问镜子，"这是我吗？这真的是我吗？"那一刻，我和小汀妈妈不觉紧紧握住了对方的手，是的，因为我们都听到了花儿绽放的声音。"理想国"是柏拉图对教育的美好设想，他希望每个人都各安天命地守护自己的生命价值。"爱弥尔"是卢梭所憧憬的自然人的理想形象，是自然主义教育培养出的新型模特儿。小黑妞也有自己的理想国，那就是内心强大、享受过程、快乐生活。她同时也是老师的"爱弥儿"，"爱弥儿"牵手"小黑妞"走进了"理想国"。

生活本身就是不断发展的过程，生活中的每个人都在"教育"与"被教育"间不断地转换，当教育能更多地连接到儿童的生活中,能更有活力地创造积极的生活方式时,那我们每个人都必将是教育生活的创造者和培植者,美好的教育也将在我们手中发生、发展。这不正是《爱弥儿》一书传递给我们的真谛吗?

蹲下身子，方能走进心门

李柱

回顾自己的学习生涯，每每和老师说话都是心惊胆战，因为害怕那高大的身躯，害怕那严肃的氛围，担心老师打给家长的一通电话。以至于到后来有问题不敢问老师，有事不敢和老师说，甚至憋不住尿最后尿裤子的情况。追寻问题的根源不是老师不好，而是我真的不敢靠近老师。那时候，在我心中，老师是神圣不可侵犯的，老师是严肃的，是教育的"机器"。这种情况一直持续到小学的五年级，才发生转变……

现如今，当我走上教师岗位，给自己的第一个目标就是首先成为学生敢接近的老师，融入孩子们中去，成为"有感情"的人。为此我也查阅了很多的资料，大多是诸如多和学生聊聊天、关心关爱学生、和学生在课余时间多接触、与学生做游戏等方法。但追其根源，无非就是蹲下身子，这里的蹲下身子不单指身体的，还包括心灵的，各个方面的。概括地讲就是适时放下你是教师的角色定位，从学生的角度去想问题。

　　校园中我们不难看到老师背着手批评学生的画面，在老师的前面站着畏畏缩缩的学生，严肃的语气中让孩子感受到的是老师生气了，我该有麻烦了。作为一名老师，我理解有些时候有些情况需要批评孩子，尤其在原则性问题上。但在提倡正面教育的今天，我认为教师应该更多地用积极向上的方式，去感化学生，去影响学生。而正面教育需要走进孩子的世界，走进孩子的内心，在我的摸索中，"蹲下身子"尤为有效。

　　在我教育生涯教的第一批孩子中，有这么一个孩子，她内向胆小，不敢与人交朋友，课间从不出去和别的孩子一起玩耍，总是一个人孤单地坐在座位上发呆，静静的……刚开学没多久我就发现她每次都是如此，通过与她父母的交流我知道这个孩子很内向，不善于与人交友，也不善于表达自己，更难适应新的环境、新的同学与老师。了解具体的情况后，我尝试着走到孩子身旁问她为什么不出去玩。得到的结果只是她的沉默不语或者一句简单的"我不想去。"其实，那只是她不敢，不适应，我看着她那孤单渺小的身影，仿佛看见以前那个内向的自己。在查阅资料以及和前辈们讨教后，我打算先走进她的世界，成为她信任的人。

　　在开学不久后行为规范训练的一天早上，她自己在教室里哭了起来，教官询问无果，便找到我说明情况，然后带着班里的孩子去训练了。我来到楼梯口，对于我的到来她并没有打算和我说些什么，只是不断擦拭眼角的泪水及不断地抽泣。我蹲下身子在她身旁轻轻地告诉她："孩子，老师在这，老师看你哭得这么伤心，我都想哭泣了。"她很诧异地看着我，"你是3班的孩子，也就是我的孩子呀，我怎么忍心看着自己的孩子一个人在哭呢，所以我想陪着你哭。"她扑哧一笑后慢慢停下了哭泣。我知道她在接受我，原来孩子就是这么的单纯。紧接着我带着她在校园里逛，看看新的校园，看看新的教室，带着她熟悉环境，班级门口的跳格子似乎有着魔力，很吸引她。陪她跳了一会后，她朝我说了句："老师，你是我在学校的第一个朋友。"一句简单的话，打破了老师与学生之间角色所竖起的高墙。随着不断的熟悉，终于她告诉我她哭泣的原因——不过就是她觉得教官太凶了，就这么一个简单的原因，却让她哭泣，不肯参与行为规范的训练，甚至她都没能有机会接触到这个教官。而后我带着她来到训练的地方，陪着她看其他孩子们的训练，慢慢地她也就接受了，参与了训练。之后的一段时间，我带她认识班里一个比较活跃的孩子，让他们成为朋友，而后我还告诉她其实每个孩子都希望能和你成为朋友，你要走出教室，才能认识大家。现在，她已经有了自己的小朋友圈，适应了新的环境，也成了一个活泼开朗的孩子。

孩子们的世界是纯真的，不像成年人那样瞬息万变，作为教师的我们，最忌讳的就是用自己的眼光去看待孩子的世界。其实，孩子们的世界真的很简单，重要的是，是否能让孩子们接纳你，走进孩子们的心门，你需要的，只是"蹲下身子"，仅此而已。希望每一位孩子都能遇到可以走进他们世界的老师，共勉！

小帅变形记

孙群力

一（1）班，小帅，7岁，开学不足一个月，便"迅速蹿红"，成了校园"名人"。

1."坏孩子"

课堂的小帅，违纪之源！说话，随意乱跑，干扰同学，极具破坏性；课下的小帅，惹事之王！冲动、顽劣、脾气暴躁、戾气十足。

2.家庭教育

问题孩子背后一定站着问题家长。小帅的妈妈在他面前毫无威信可言。面对妈妈的管教，小帅经常怒目而向，甚至大力还击。近在沙井的爸爸一年只回家四五次，还经常因为小帅的行为暴怒，对他大打出手。一次我试图建议让小帅爸爸多多参与小帅的成长，妈妈还没来得及回应，一旁的小帅已经一蹦三尺高，大叫道："不要不要，我能不能换个爸爸？我不要一个只会打人、骂人、说脏话、酗酒的爸爸！"小帅幼小的心灵已经对爸爸充满了敌意。

3. "三心二意"

转化这样的另类孩子，要有"三心二意"：爱心，耐心和匠心；不随意对孩子的行为作出评判，不在意自己大量的付出。

为了在小帅心灵窗口上撬开一道缝隙，我再次研读《正面管教》等教育大作，感悟到还需在"匠心"上下大功夫，巧妙抓住教育契机，并长期坚持，让孩子自己能独立解决问题。

4. 打架事件

一次课间，值日老师又将小帅扭送到我面前，原来，小凡同学在玩闹的过程中捡了一块石头扔向小帅，小帅躲过之后，从一边正在施工的工地上拉起一根 20 余斤重的钢棍反击。我暗自庆幸事态在恶化前得到控制，并快速在大脑中梳理了思路，决定让两个孩子通过讨论自主解决问题。

小凡："我只是随手向他扔着玩的，没想要伤害他。"

小帅："那么大的石头，要不是我躲得快，一定头破血流！说不定我已经被砸死了！我不还手，就是傻子！就不是男子汉！"

小凡："……"

小帅："用石头砸人很危险的！如果我被砸伤进了医院，还要打针吃药花很多钱！这钱还不是你妈妈出！你还要去医院看我，照顾我！"

捕捉到小帅的强词夺理但逻辑清晰，我决定充分利用：

"你看到了可能会出现的严重后果。奖励你一个小星星。"

小凡很委屈:"我就是闹着玩的,你怎么能拿那么大的钢棍来砸我!要是我受伤啦,你也要照顾我,也要赔钱的!"

小帅用力过猛,终于意识到事情还可以逆转,不作声了。

我:"小凡讲明白了小帅冲动的后果,老师也奖励你一个小星星。"

道理在两个小朋友的辩论中明晰了,我往纵深引导:"你们的冲动可能会产生很严重的后果,那请想一想:下次如何处理这样的问题呢?"

小凡:"下次我不用石头扔同学了。对不起,小帅。"

小帅:"我也对不起你!下次我也不用棍子打人了。"

我:"用什么打人?"

小帅:"不打了……,打伤了要花好多钱。"

回到教室,我说明了事情的经过和奖励小帅和小凡的原因。原来理直气壮的小帅竟然也结结巴巴向大家道歉了,说以前欺负大家没有想到会带来严重的后果,然后求救地问我怎么办。这又是一个契机!我再次强调小帅的担心是有可能的,小帅的思考是对的,鉴于知错就改的态度,再奖励一颗小星星,然后才拉着他的小手告诉同学们,小帅希望他在和同学们发生冲突的时候,大家能提醒他冷静,帮助他想象后果。

5. 和善的爸爸

下班后，我把事情的经过写成一篇短文，发给了小帅的爸爸。爸爸看了短文，非常真诚地对我说："老师，我明白你的良苦用心了。我也一定试着改变自己的状态，把生意放一放，尽力抽出时间多陪陪小帅。"一次语文课，模仿"顽皮的雪人"说话，小帅竟说出了"和善的爸爸"！

6. 即将升级当哥哥！

月底，小帅即将升级当哥哥。外婆来到深圳照顾待产的妈妈。我和外婆进行了一次深谈，希望外婆迅速利用自己的权威厘清家庭规则，重新在家庭里设置清晰、有序的规则。随后的两周，我能明显地感受到小帅在课堂安静了许多，即使偶尔小放肆一下，老师的制止也会产生立竿见影的效果。课间，遇到和同学们的小矛盾，小帅冲动、大打出手的频次在降低，最多只是怒目而视。不久前，当我被"告状"的孩子拉到两个小男孩打架的案发现场时，竟然发现小帅站在矛盾双方中间，一手推开一方，正积极平息两个同学的冲突！

7. "我当哥哥啦！"

五月中旬，小帅升级当了哥哥！他兴奋地跑到我面前，仰着脸，眼睛里闪闪发光，十分郑重地对我说："我当哥哥啦！我有小弟弟啦！"契机出现了！让小帅多了一份责任感，一份当个好哥哥的责任感。我一定不会错失这样的契机！

8.坚定而和善!

我深深明白,每一次契机的出现都只能在一定程度上促进小帅认知的转化,而不会一劳永逸地解决问题,所以教育小帅的路任重而道远,我会在教育之路上,"坚定而和善"地不断求索。

教育二三事

吴丽琪

一、我的那个"土豪学生"

在深圳当老师，成不了土豪，但是有接触土豪学生的机会。但对于有经验的老师来说，土豪学生往往不太好管。这不，这个学期，我临危受命接任的六（1）班就有这样一位土豪。

说起这个六（1）班，成绩不差，体育也顶呱呱，可至今已经换了六任班主任了，还没人愿意接班。这是怎么回事呢？还不是因为学生太"活跃"了。这其中最有名的就是这个本地学生了。

我走进教室的第一天，如果不是事先早有耳闻，他完全引不起我的注意，在一群人高马大的六年级男生当中，他个子较小，白净的皮肤，斯斯文文，安安静静地坐在最后一排的位置上。但是，轻敌的后果就是当"敌人"有所动静时，你容易被牵着鼻子走。这天，班长急匆匆地跑进办公室："老师，你快到教室看下吧，乱套了！"我急忙赶往教室，在走廊上就听到了一片欢呼声。我来到教室门口一看，这个"土豪"正提着一大袋零食，在教室里抛撒，引起了同学们的哄抢，还打开可乐喷得到处都是的。我在教室门口站了一会，其他同学感觉气氛不对，有安静下来的，有悄悄溜回自己座位的。这家伙也看到我了，举起打开的可乐"老师，祝贺你成为我们的班主任，干杯！"我心里愤怒，表面却不动声色，接过他打开的可乐，喝了一口："味道还不错！"他显然觉得没趣，悻悻地回到自己的位置上坐了下来。我知道和他的战争才刚刚开始！

二、那个看似没心没肺的女生

她是这样一个女生，父母忙于工作，一直把她放在老家和爷爷奶奶一起。到了三年级，父母的工作稳定下来，才把她接到身边。她是个女生，衣服却总是脏兮兮的，父母想要管，却发现多年不在身边的孩子，他们根本就不懂。在学校里，作业没有按时完成的时候，老师批评，她像被表扬了一样欢天喜地，考试不及格她也无所谓。用父母的话说，她有点没心没肺。我对她的批评并不少，她依旧我行我素。

那一次，她在上学的路上扭伤了脚踝，到医院打了石膏，伤筋动骨一百天，但又不能不上学。她父母和我商量，她腿不方便走路，可不可以让她中午留在学校，家里负责送饭来学校给她吃。我同意了，可每次吃完饭她自己一个人在教室，我多少有点不放心。所以，我每次吃完午饭都回教室看一眼，确定她一个人在教室没有问题。有天正好买了水果，顺便就拿了两个给她。那段时间一直到她的脚好了以后，她有了一些明显的变化，作业能按时完成了，开始我们以为是因为腿不方便，只好安静写作业。渐渐地，那个满不在乎的表情也越来越少见了。我们都很惊喜。直到有一天，我批阅日记，她在日记中写了她腿受伤时，独自坐在教室的那些中午。"我们的教室在五楼，老师每次吃完午饭都会再爬五层楼上来看我，她是怕我一个人在教室太寂寞吧！有天老师还给我带来了水果，我虽然嘴上没有说什么，可是我突然感觉到了爱！"我的眼眶湿润了，只是一个无意之举，却给孩子带来那么大的触动。我更感受到了作为老师的责任，也许你的一个眼神就可以给学生力量，也许你不经意的一个微笑，就成了另一个人的世界！

鼓励和赞赏的力量

陈燕燕

作为一名小学班主任，走在教育的第一线，接触到的是涉世未深的孩子和满怀期待的家长。"学生并不在乎你知道多少，而是让他们知道你多么关心他们。"因此，在班级管理上以"立德树人"为奋斗的目标，坚持德育为先，通过正面教育来感化人，激励人；坚持以人为本，通过合适的教育来塑造人、改变人、发展人，努力促进教育事业的健康发展是我的目标。

最难以忘怀的是从另一所学校转到我们班的一个孩子，到了新的学校，新的班集体，课堂上根本跟不上。再加上孩子的学习基础薄弱，自主学习能力不好。语文老师要求的背古诗背不出来，上课跟不上老师的节奏，走神发呆……而且孩子之前的胆子比较小，一年级上学期几乎没有什么朋友，到了新的学校，更加是困难重重。看到这种情况，我首先尽自己最大的努力给予孩子更多的关心和呵护，经常关心他的学习，鼓励认可他，很快孩子就融入了新的班集体。一个月下来，孩子的性格开朗了很多，朋友也慢慢地多了起来，成绩是不见好转，但是行为习惯明显好转，反正他每天都特别开心。其次是和家长积极沟通，从教师专业的角度耐心地指点方法，引导家长更好地教育和鼓励孩子，给予无限的包容。因为我坚信每个孩子都有自己的长处，不能用成绩一概而论，读懂孩子的内心世界，陪伴着一群天真活泼的花样少年，自己也能感受到生命的活力。

面对纷繁复杂的班级事情，班主任贵在一个"细"字，例如：可以在班级群里发信息跟家长反馈孩子们在学校的学习生活情况，表现优秀和表现不好的孩子的情况都会在群里反馈，让家长们很清楚地了解孩子在校的情况；在 QQ 空间分享孩子们的学习趣事的视频或照片；平时迟到，作业潦草，家长没有签名等等问题都会一一反应；每次公布考试成绩，试卷上家长需签名，陪同孩子一起进行深刻的反思，查漏补缺；家长会上跟家长分享激励孩子的各种方法……

电影《为人师表》很好地诠释了"付出总有回报"的道理。只要你不断地为维护师生感情而投资，总会因此得到回报；学生更倾向于服从你的要求；即使你犯了错误，也更容易得到学生的谅解。关于立德树人，家庭是孩子的第一所学校，我认为必须家校共育，正面管教，共同教育孩子树立正确的人生观，世界观和价值观，我们要弘扬中国传统文化，让孩子能够健康快乐地成长。

潜移默化　寓德于教

汤思佳

一年级孩子的认知过程与学前儿童还有许多相似之处，无意性和具体形象性仍在其中占很重要的地位。他们对于自我的认识仍处于懵懂状态，容易因为其他人的无意之言而形成对自己不好的刻板印象。同时，一年级孩子的理解能力非常弱，单纯的语言说教无法起到积极的教育作用。而绘本的内容、形式、表达反映出鲜明的儿童性，主要指向儿童的生活现实与心理现实，有针对性地适应不同年龄儿童的身心发展。绘本与单纯的语言说教相比，更能够满足儿童情感发展的需要。因此，我们不但可以在学科教学中的运用绘本，同时也可以将绘本灵活地运用到德育教学中。今天我打算带孩子们学习一个有趣的绘本故事《小猪变形记》，通过有趣的绘本故事让孩子们明白"认识自我，认识他人"的德育道理，这一点对孩子们的健康成长非常重要，但故事同时也是曲折并且难以领悟的。《小猪变形记》是英国插画家本·科特创作的经典绘本，讲述了一只小猪，总觉得自己是不幸福的，认为做一只小猪非常无聊。于是他一会儿装扮成长颈鹿，一会扮成斑马，一会儿装扮成鹦鹉，一会扮成袋鼠……因此他也发生了许多滑稽有趣、荒诞搞笑的事情，但最后小猪还是想做一只快乐的小猪。故事中各种滑稽的小细节随处可见，本·科特创作了这个有趣的故事，整个故事充满了童趣！

　　首先我出示了绘本的封面，引导孩子们观察：你看到了什么？有趣的图片一出来，孩子们立刻开始活跃了起来，讲台下面小手密密麻麻地举起来了，有的孩子很直观地说看到了一只小猪，有的观察得更仔细的孩子说看到了小猪的背后有翅膀，手臂上有绳子绑住，还有的甚至观察到路边的小花小草……我对孩子们的观察一一给予了肯定，顺势提起了孩子们的兴趣，我就开始带着孩子们进入下一个环节——阅读故事。我带着孩子们一页一页地翻阅故事，不时发出滑稽的声音，不时提高音量，孩子们听得津津有味，目不转睛地盯着屏幕。

　　当我讲完小猪变成长颈鹿并翻到下一页图片的时候，不少孩子在下面喊到，斑马斑马，小猪变成了斑马。我继续引导道："他怎么变成的斑马？小猪变长颈鹿的时候是踩高跷站不稳摔倒了变回了原型，那你们能不能想一想，他变成斑马后又会怎样变回原型呢？"孩子们的小手又齐刷刷地举了起来，有的说他掉进水里了，有的说小猪的颜料不防水……孩子们各式各样的答案把我逗得笑容不止。

我对他们竖起了大拇指，算是对他们回答的认同，然后给他们看了下一幅图，总结到原来是大象哈哈大笑一个不小心喷水让小猪现出了原型。我继续往下翻，孩子们已经不需要我的朗读了，显然他们已经可以根据观察图片，顺着故事的发展猜到下面的情节了。就这样，我一边放图片，一边让孩子们讲，孩子们边讲着我边总结着。当图片放到最后，我给孩子们读了最后一段故事，屏幕上呈现了小猪在泥潭里打滚的图片，我问道："孩子们，小猪最后找到真正的快乐了吗？"孩子们纷纷回答找到了。我继续引导到："他为什么变回小猪了反而还觉得快乐了呢？"孩子们的答案让我惊喜不已，有的孩子说因为变成其他动物都让他受了伤，有的孩子说变成其他的动物他一点都不习惯不舒服，有个小男孩在最后把小手举得非常高，我把最后一个机会给了他，他说我觉得自由的、快乐的做自己就是最快乐的，小猪回到了泥潭打滚，找到了最自由舒服的事情，所以他是最快乐的小猪。我的孩子们总是无时无刻不在给予我惊喜，我让全班同学一起将掌声送给了他。最后我又总结了整个故事，告诉孩子"认识自我，认识他人"的道理。

一节课下来，孩子们的发言非常精彩，感悟深刻。在一节简单的绘本课上，人生哲理已经慢慢深入孩子们的心底。其实随着时代的发展，绘本阅读的地位越来越重要，绘本以其形象生动、简洁有趣的特点深受孩子们的喜爱，同时也被视为一种良好的教育载体。因此作为班主任不只是对孩子们进行常规教育、班级管理，更多的是要在学习中生活中起到潜移默化的作用，而绘本无疑是一个不错的选择。尤其是在班主任培养孩子们德育的过程中，绘本更是起着不可或缺的作用。

浅谈观察日记在班级管理中的影响力

吴敏资

观察日记是语文老师用以训练学生写作的有效方法，也是班级管理不可忽视的得力助手。它是班主任走进学生内心的窗口，是师生进行情感交流的桥梁，是班主任协调各科教学的润滑剂，是班主任加强班级管理的有效途径，是班主任洞察学生人际关系的摄像机。作为语文老师兼班主任，如何充分发挥观察日记在班级管理中的影响力，达到一举两得的目的，值得我研究和探讨。

一、观察日记和常规管理

把观察日记和常规管理有机地结合起来，是一个不错的选择。课上，我会和孩子们聊我的所见所闻所感、我的亲身体会，孩子们瞪大眼睛听得津津有味；课余，我会倾听他们观察中的所得所感，快乐着他们的快乐，悲伤着他们的悲伤。课上，我会请同学上台分享他的观察记录，我会念那些写得特别生动有趣的观察日记给大家听，我会请同学们猜猜今天某某观察写了谁，写的像不像，孩子们时而捧腹大笑，时而羡慕不已，时而窃窃私语，时而欢呼雀跃；课余，我会把家长们帮孩子上传的一篇篇观察日记再次打开，一个人静静地读，读着读着就忍俊不禁，孩子们都知道我最喜欢改的就是他们的观察日记。我把观察日记纳入班级操行量化管理评分中，凡是拿到星级的都可以在作业一栏中加分，一颗星加一分，有的同学常常一次能拿到十分，特别精彩的甚至能拿到十五分，这时候教室里常会"哇"声连天。这时候，对那些不认真对待作业常被扣分，或不遵守纪律、不在乎操行量化分的同学来说既是打击又是刺激，他们慢慢明白：你不认真别人会认真，你不努力别人会努力，你不在乎别人会在乎；其实加分并不难，只要认真对待作业就可以为自己争取很多分；违反了纪律，只要愿意改进，可以通过写好观察日记来加分弥补。所以到后来，没有孩子不在乎加分，没有孩子不认真对待作业，孩子们常常会追着我问："观察日记改完了吗？""我多少颗星？""最高星是多少？"如果他的观察日记被我在全班宣读，那可是一件非常光荣的事情，那满眼的光彩、自豪以及同学们那噼噼啪啪的掌声会促使他接下来的观察日记更细致更入微更投入。

二、观察日记和生命教育

一学期下来，通过引导孩子们养蚕、养花，观察身边的人物，观察飞到教室里的小鸟等等，从孩子们的观察日记中所流露出的情感，不难看出，生命教育课程水到渠成。以养蚕为例，摘抄片段如下：

"我非常喜欢我的蚕。"

"我很高兴蚕宝宝们都有名字了！"

"我真是后悔之前没有留心观察肥宝、丝宝、长宝、睡宝、飞宝们的特点和爱好！""我希望明天睡宝会好起来的，丝宝也会回来的！"

"虽然我一直在找丝宝，但一直都没有找着它。终于有一天我发现了它，不过它已经死了，我非常伤心地哭了起来，我相信，它的灵魂已经在天堂了。"

"看，多可爱的蚕宝宝们呀！"

"我每天给它们洗窝，喂桑叶，我要好好照顾它们。"

"我看了，开心地笑了！我很喜欢我的蚕宝宝，它们带给我很多快乐。"

"我和蚕宝宝相处了一两个星期了，我每天给它们打扫屋子，喂桑叶，我觉得我过得很开心、很有意义。"

"这回我倒是轻松多了，不用喂那么多桑叶了。但是我有一个新的担心，它们一旦变成蚕蛾该怎么办呢？"

"我想：这么神奇，长大了还会变成飞蛾，我真期待看到这一幕！"

"我家的小蚕最好、最棒了，我爱我家的小蚕，它在我心目中是无与伦比的。"

"今天我很快乐,因为我家的小蚕长大一岁啦!"

"昨天,我看到蚕宝宝又变小了,还不停地挣扎,看来救活它们是没太大希望了,但是我不会放弃它们的。所以做什么事都不可能一帆风顺的,养蚕也一样。"

"尽管它们这样狼吞虎咽,我还是得给它们充足的食物,只有这样才能长大呀!谁让我是它们的主人呢?!"

"我家的蚕全都是一个个'小调皮'!"

"蚕宝宝的到来,让我学会了清扫垃圾,喂养蚕宝宝,每帮它们做一件事情都能让我很开心!"

"其中最大的蚕宝宝身子全拉开大约有三厘米左右,头比之前大了许多,身体也胖了,看来我这个小主人做得还挺尽职的嘛。"

"看着这么多又白又胖的蚕宝宝们,我心里美滋滋的,可以去学校的时候跟同学们炫耀一下了。"

"我感受到它们真的悄无声息地离开了我。半晌,我才反应了过来。从这以后,我有点怕生命这个东西了。至于'姚明'和'卡松'怎么死的,对我来说还是个谜。"

"看着这群无忧无虑的小蚕,我仿佛自己就是一只蚕,生活在这个温暖的大家庭!"

"我喜欢蚕宝宝,尽管它是一个超极大的吃货,但它给我增添了生活乐趣,也使我增长了知识,我喜爱蚕宝宝。"

"养个蚕宝宝可真不容易呀,何况养一个人呢?"

......

孩子们的喜怒哀乐跃然纸上，我的情感也被他们时时牵引着、调动着，我发现孩子们的责任心得到了培养，得到了增强，懂得呵护、关爱、珍爱甚至思考生命了，这些小植物、小动物们也给他们的学习生活、课余生活增添了不少乐趣，这亲身的体验、感悟可比平常的课堂说教要有效得多。

三、观察日记和学科教学

语文教学中最让人头疼的就是习作，而"没什么可写"，又是作文教学中遇到的最最头痛的问题。对于许多学生的习作，我们往往会抱怨学生，抱怨社会环境，我经常会批评学生："你们一天都是干什么的？怎么尽记一些流水账！你们平时不会多看书、多观察、多用好词好句吗？"可这种方法，一点都不奏效。学生的习作仍然是空洞，依然是让人头痛。恰逢本学期科学课上老师指导孩子们养蚕，于是我和科学老师商量、配合，引导孩子们进行了为期两个月的养蚕观察记录，发现孩子们兴致极高，一回到家就开始观察，一下课就和同学谈论养蚕的乐趣，把蚕带到教室和同学分享；碰到疑惑时会自己查找科学书，会上网搜索原因，会和父母、同学探讨答案。经过一段时间的训练，发现很多孩子不会谈写色变了，写作热情空前高涨，就连那些后进生也能写出长长的、有趣的观察日记了。科学课上，老师引导孩子们聊养蚕，看蚕的生长过程、生长变化图片，教方法，解困惑，也不用为维持课堂纪律而发愁了。请看孩子们的一些记录：

"我坐在沙发上看科学书，突然，我恍然大悟，科学书上说蚕在脱皮的时候会不吃不喝，更不会动。蚕如果死了的话，全身会是黄色的，我这才明白，原来我的蚕宝宝们是在脱皮啊！"

"我问：'爸爸，你的食指是不是有魔法呀？'爸爸笑着对我说：'呵呵，不是我的食指有魔法，是因为我知道这是一条正在吐丝的蚕，它把一条丝悬在上面，然后就可以像蜘蛛一样垂下来啦！'我恍然大悟！"

"它们睡的时间也变长了，有时候我去看它们的时候，它们全部一动不动的，我以为它们全死了，差一点把我吓死，后面我看了科学书说，蚕死了是黄色的，这回我才放心。"

"我越在这种时候，就越要保持冷静。这回我想知道它们一动不动的原因，我百度搜索了一下，百度上说，它们是在休眠。"

"早上，我到教室的时候看了看我的蚕，发现我的蚕变黄了！我急急忙忙地问了我的同学：'这只黄色的蚕是不是死了？''不是，这是在脱皮呢。'同学哈哈大笑地说。"学科之间很好地融合能够事半功倍。

四、观察日记和能力培养

小学生在写作文时，没什么可写，头脑空空如也，一个重要原因就是观察力不够。对于我们日常的春夏秋冬的变化，对我们日常身边发生的事情关注不多，或者说根本没有去观察。因此，培养孩子对身边事物的观察力，让他们写观察日记，细心体会事物的状态和事物的变化过程，在观察变化的过程中能够有自己的亲身感觉和心得，然后及时将自己的想法写出来，和家长、老师共享，与同学们共同交流，这样时间久了，写作能力就自然上来了。你看，蚕宝宝在孩子们的笔下变成了一首首小诗，变成了一个个运动健将，变成了蜘蛛侠，变成了淘气的娃娃……诗意在流淌，想象在驰骋。

看，他们用放大镜在观察："我仔细地用放大镜观察了一下蚕，发现它有六到七节，从第五节开始长腿，头部是白色的，比身体要大一些，头上长了一颗"聪明痣"，再仔细一看却是它的嘴巴哩！"

瞧，观察得多细腻："最明显的，那当然是外形特征了。它比以前的蚕大得多，九只小蚕加起来还没有一只大蚕大哩！而且，以前黑灰色的'衣服'变成了雪白雪白的'衣服'，'聪明痣'从黑不溜秋的变成灰灰的，尾巴上的小刺让我想道：这颗小刺可能代表勤劳。以前我还以为是它的脚哩！最后才发现不是的。最大的变化是：它每一节上的'活泼痣'以前都看不太到的，现在看得一清二楚的了。"

哈，想象多有意思："比赛时间到了，有两名活力四射的'运动健将'们沿着桑叶的叶脉出发了，它们都扭动着细长的身体十分卖力地冲向终点——桑叶。跑了约三十秒，一只蚕宝宝获胜了，所有的蚕宝宝纷纷抬起头庆祝胜利，我也很配合，给了它一片桑叶，作为奖励。"

嘿嘿，还涌现了不少小诗人，来欣赏一下吧：

养蚕记

抬起头，

落下尾，

像个贪玩的小娃娃。

拖着小小胖身体，

左闻闻，

右嗅嗅，

专找嫩绿桑叶吃。

一会灰，

一会白，

一会黄，

小小蚕儿换衣裳。

从陌生到熟悉，

从害怕到开心，

这群小蚕既让我哭笑不得，又让我有了责任感。

养蚕记

假若我是一只蚕，

我想与小伙伴比美，

蜕下旧衣服，

换上新衣服。

假若我是一只蚕，

我想像它们一样，

自由自在和小伙伴玩耍。

不管是"做体操"，

还是"捉迷藏"，

我都一样喜欢。

假若我是一只蚕，

我会为人类做贡献，

用我的丝来做被子，

给人们带来温暖。

假若我是一只蚕，

我想找一个细心又会关心我的小主人，

能为我的成长欢呼雀跃。

我想我的蚕也是这样想的！

当然，在培养观察力、想象力、表达力的过程中，家长和老师要细心、耐心，不要急躁，也不要激烈指责孩子的不足，尽量以激励平和的口气说话，肯定孩子细致独到的观察力、丰富的想象力，让孩子真实地表达，尽情地抒发。

情系学生，爱满天下

陈燕燕

　　"捧着一颗心来，不带半根草去"是大学第一节课老师和我们分享的陶行知的教育理念，这也成为我成长路上的指明灯。从踏上三尺讲台，我就默默地告诫自己要成为一位有爱心、有责任心，有耐心的老师。这学期刚开学不久与家长聊天，她和我分享他们家长来校参观时的场景：爸爸妈妈正好看到我在校园忙，妈妈说："如果这位老师做我们孩子的班主任就好了。"爸爸说："为什么？"妈妈说："这位老师看上去端庄大方，和蔼可亲。"爸爸听后笑了。进班后看到我是孩子的班主任，他们很开心。听到家长说自己就是她们心目中的好老师，我也非常开心，同时也感觉责任重大。"沟通从心开始"，我们只有用心去做，用心去沟通，才能收到最大的成效。同样，与家长多沟通，家长就会给予你工作上最大的帮助和理解，理解你工作的艰辛。

　　平时我们不仅要关注每个学生的学习，更要注重学生道德品行的培养。上课时我是一位严师，下课我喜欢和学生打成一片，一年级小学生刚进入小学，一切都觉得新奇，活泼好动是天性，我们老师应该多些宽容，多些谅解。刚开学，班级有位孩子上课好动，会下座位在教室乱跑。后来慢慢地和家长聊天，和孩子谈心，鼓励他慢慢地改掉自己的不良习惯，经过一个学期的努力，这位孩子已经变得很优秀，上课积极回答问题，声音响亮，作业认真完成。他的转变让我看到了希望，也更坚信自己的坚持是对的。

从教多年，我坚持不断学习，从别人的优点中学习本领，从别人的不足中找到经验。一位责任心强的老师才能够带好一个班，一位勤奋的老师才能够对学生产生积极的影响，一位有爱心的老师才能教出阳光的孩子。

总之，只要我们用真诚打动每一位学生，关心学生，把每个学生当作自己的好朋友，你就会得到学生的尊敬和爱戴，你的教育和管理工作就能够取得事半功倍的效果。

良好的习惯是优秀人生的开始

翁艺芳

知名教育学家培根曾经说过："习惯真是一种顽强而巨大的力量，它可以主宰人的一生，因此，人从幼年起就应该通过教育培养一种良好的习惯。"

习惯，顾名思义，是一个人积久养成的生活方式，随着时间的推移逐渐在人们的思想中根深蒂固。如果想改变一个人的行为习惯，改变一个人的思想是难上加难的。但习惯对人的一生发展又有着举足轻重的作用，习惯的好与坏皆可决定人一生的走向。所以在学生的启蒙教育阶段，在学生形成人生观价值观的过程中，一定要把德育工作放在首位，着重培养孩子良好的行为习惯，使德育润物细无声地贯穿在每一个孩子成长的过程中。良好的习惯一旦培养成功之后，便用不着借助记忆，很容易地自然地就能发生作用了。

作为一名班主任，在观察优等生和后进生的日常学习状态时，我发现，这两种学生间最主要、最显著的区别就在于是否具有良好的学习习惯以及自制能力。优等生能够专心致志、全身心投入课堂，而后进生则常常无法控制自己的思想和行为，从而出现开小差的现象。于是如何去强化日常生活中学生良好的习惯就成了我德育工作的重中之重。在学校里，班主任接触学生的时间最长，开展的教育活动最多，对学生的影响最大，班主任对创设良好的班集体，全面提高学生素质，陶冶学生情操，培养全面发展的人才，具有举足轻重的地位和作用。在学生面前自己就是一面镜子、一本书，因此，规范学生的行为，首先要规范自己的行为；提高学生的素质，首先要提高自身的素质。在教育工作中，真正做到为人师表，率先垂范。我作为一名班主任，在工作实践中，要求学生做到的，我首先带头做到；要求学生讲文明礼貌，我首先做到尊重每一位学生人格，从不挖苦讽刺他们；教育他们热爱劳动，我每天早上和学生一块打扫环境卫生和教室清洁卫生；教育学生搞好团结，我首先做到和各位教师搞好团结；在学习上，要求学生书写认真工整，我在板书时首先做到书写规范认真。这样自己的一言一行就成了一种无声的教育。教师是学生心目中的榜样，在全面推进素质教育的今天，作为教师更应提高自身素质，树立职业道德，以高尚的道德风范去影响学生，当好学生的指导者和引路人。

教育的真谛是爱，教育的最终目的是促进学生最优化的发展，作为一线班主任，让我们都伸出双手，拿出全部的爱，扶好我们的孩子们走出人生第一步，把基础教育的德育理念升华。只要我们坚持在正确观念的引导下，有目的、有计划地来培养孩子良好的行为习惯，相信一定会为如何培养一个可持续发展的学习者，提高学习者的全面素质提供新的视角和帮助。

点亮心灵明灯　扬起幸福风帆

熊志娟

　　如果说教育的名字叫"今天"，那么我们教育的对象——孩子，他们的名字也叫"今天"。"今天"赏识孩子，那么孩子"今天"就增加了成长的自信！作为老师，最幸福的事，莫过于陪伴学生不断的成长、走向自信，走向成功！

　　记得一年级开学伊始，我班有一个叫赵子健的小男生，同学们和科任老师常常向我提及他的种种"劣迹"：上课经常毫无顾忌地随意大声讲话、课间冲跑、欺负女生、打人、好哭等等。每次不管是老师还是同学提醒他，他都会满脸的委屈和不满，还会顶嘴反驳，甚至躺在地上哭闹，认为是别人的错，自己是对的。为了维持班级正常的教学秩序，我一方面与家长善意沟通，了解孩子的个性特点、家庭情况。掌握了学生的一手资料后，我又利用课余时间私下找他聊，与孩子友好地交心，并留心观察他平时的一举一动，很快我发现了问题的"症结"：他与同龄人相比心理年龄偏小，不善于管理自己，不会控制自己情绪，缺少自律，遇到不会解决的问题只会哭闹。

找到解决问题的切入点后，我特意多一点关注他，课堂上多给他发言的机会，课后经常找他聊天，有意无意地靠近他，尝试与他交朋友，得到他的信任。从那以后，慢慢地我发现他有了一些改变：上课认真了许多，随意讲话的次数少了，发现这一小进步后，我决定趁热打铁，利用这个契机"乘胜追击"，让他在学习和行为表现上有更大的进步。

就从批改作业开始行动吧！我在批改他的作业时特别用"心"。刚开始，他交上来的作业质量不高，书写马虎，正确率低，我在本子里写评语"课堂有进步，为你点赞，你现在给老师留下的印象不错。如果你能认真写作业，课间不冲跑，不打人，你会让老师更满意哦！相信你一定不会让我失望的，对吧？"下次交上的作业，态度明显认真了很多。就这样，我每次都在他的作业上写激励性评语，对他的进步进行及时鼓励和表扬。经过一段时间他各方面表现进步越来越大，作业认真，课间不冲跑，不打人，不顶嘴，半学期以来，他的进步非常明显，各科老师都向我反馈赵子健进步很大，同时他的成绩也有了大幅度的提高。

通过赵子健的成长，我对用"心"教育有了更深的认识。正如大教育家苏霍姆林斯基所说：我们应当了解学生的长处和弱点，理解他的思想和内心感受，小心翼翼地去接触他的心灵，只有这样，才能赢得学生的信任，赢得学生的真心。其实学生对我们老师要求也许并不高，只要我们真心一点，平等一点，赏识一点，与孩子一次次的磨合过程中，宽容一点、理解一点，那么沐浴在爱的阳光中的孩子会投桃报李，给辛勤付出的你以优秀的回报。

古人云：吾生也有涯，而知也无涯。生命有限，教学无涯。在以后看似平凡的班主任工作中，我会努力蹲下身子与学生对话，努力用"心"去感染他们。爱、责任、鼓励、平等，我想这些就是平凡的班主任工作的伟大之处，如果学生能在我们"爱"的目光中、"心"的行为中，找到了生活的目标，增强了学习的动力、提高了学习积极性，能够活得更自尊、自信、自强，快乐健康成长，成为社会的合格公民甚至栋梁之材，这不正是我们作为老师的幸福源泉吗？

撒下温暖　迎来灿烂

陈梦颖

春去秋来，转眼又是秋季，回想自己教育生涯，我眼前浮现的是那一张张纯真灿烂的笑脸，我们的故事有点长，还得从头说起。

第一次走进教室，踏上三尺讲台，面对一张张稚嫩的小脸和一双双纯净无邪的眼睛，我的心被触动了，我对教育的敬畏油然而生，我清楚地知道了我已踏上艰巨而漫长的育人旅程。

这群纯真、可爱、乖巧的孩子中有一个"画风清奇、独特"的孩子。他上课的时候总是不能坐端正，身子不是歪在椅子上，就是趴在桌子上，课堂上，他还特别喜欢下座位走到讲台上跟老师说自己的见解，时常让老师哭笑不得，但有时上课时爱走神，走神的时候会敲桌子、摇椅子……影响同学们正常上课。为此，课后我经常找他谈话，刚开始他并不太愿意和我交流，我和他讲话时，他的眼睛几乎从未停留在我身上。

俄国教育家乌申斯基说："如果教育学希望从一切方面去教育学生，那么就必须首先也从一切方面了解学生。"于是，我就孩子的问题与家长进行了深入交谈，从与家长的交流中我得知，这个孩子有轻微的感统失调。于是我查阅相关资料，了解到这类孩子不太合群，不自信、缺乏安全感，但是他们的智力都很正常，有的甚至会高于正常孩子，只是大脑与身体的部分不太协调导致他们的优秀没能表现出来。我打算从班集体的同学入手，希望同学们包容他，让他早日融入集体中来，感受集体的温暖和快乐。所以我给他特别安排了班长——一个特别优秀贴心的孩子与他同桌，经常提醒他上课时应该遵守哪些规定，教他整理书包、削铅笔，外出活动也特别照顾他……下课的时候我也抽空找他说说话，手把手教他系鞋带、系红领巾……慢慢地这个孩子在课堂上安分了许多，课间也能看到他的笑脸了，更重要的是我与他交谈时，他愿意回答我的问题了，这一点真的让我激动好一阵子。

但是好景不长，这个孩子又出现了新的问题，他的情绪控制能力差，抗压性差，稍微有点不如意，就哭鼻子，情感十分脆弱。看来，要想在很短时间内把坏习惯全部改掉是不现实的。此时，我不免有些泄气，想打退堂鼓了。但是想起孩子父母那期盼、真诚的目光，看着眼前这个孩子纯真的眼眸，想想这段时间以来他的点滴进步，我心中又放不下。踏上讲台时的责任感提醒了我，此时，我还需要耐心，我和这个孩子要走的路还很长，如果我都不能温柔对待他，他该怎么办呢？所以我会尽力去调整心态：先替他把眼泪擦干，静静等他稍微平静些后，再问原因，最后再开导他。为了减轻他来自心理上的压力，课间我会与他聊聊他的课余生活，时间一天天过去，我发现他正在朝着更好的地方改变，发脾气和哭鼻子的频率明显低了很多，可我并不敢放松，下课后，我总会抽空多和他说几句话，上课时总会时刻用目光关注他，必要时全班一起鼓励表扬他。事实证明，足够的包容和耐心，会换来回报。他终于愿意与我亲近了，有时一下课就过来拉着我也不说话就是跟着我，很是可爱。当其他老师主动找他聊天时，我总会鼓励他大胆交流，从渐渐融洽的交流中我发现他是一个真实、不做作、可爱、天真烂漫的男孩，经常脑洞大开，惹得大家捧腹大笑，他终于走进了这个班集体。的确，他是个非常聪明的孩子，测试成绩从来不低于 90 分。这期间，他的家长不知写了几次感谢信来学校，还送来了一面锦旗，感谢老师让这个特殊的孩子拥有了灿烂的笑脸。我想：孩子，我也应该感谢你，是你教会我爱能战胜一切困难，正如陶行知先生所说："爱是一种伟大的力量，没有爱就没有教育。"

日子就在我们朝夕相处中飞逝而过，六年级了，他已经变成一个学习优异、善良诚实、有责任心的孩子。在我生病的时候，他会打一杯温水默默地放在我面前；在孩子们调皮惹我生气的时候，他会跑过来拍着我的背轻声说："消消气，老师，生气就不漂亮了"；在我有点小情绪的时候，他会主动凑到我跟前问："怎么了？老师我给你唱首歌吧。"大热天的，他满头大汗，却把自己的小风扇对着我吹；虽然六年级了，但还是喜欢那么天真地跟着我……最后在我离开他们的时候，他主动帮我搬行李送我到新学校，转身时，他留给我一个灿烂的笑脸。

每一个孩子都是珍贵的宝石，作为老师，我们要做的，就是赋予耐心和爱心，待他褪去那层砂石，就会发光。我想正是因为他的特别才造就了他的优秀，因此也让我收获了爱。有人这样说：一个老师最大的失败是他不爱他的学生，一个老师最大的悲哀是他的学生不爱他。那么，我想，我是幸福的，因为，我爱我的学生，同时也收获着学生的爱，爱是幸福的，被爱更是一种幸福。

随着飘飞的粉尘，青春渐渐流逝，我收获了平凡的幸福。既然这份职业注定平凡，那我就带着这份平凡，执着耕耘。因为我知道：默默耕耘，时光不语，静待花开；撒下温暖，迎来灿烂。

小学班主任德育工作实施激励策略

陈梦颖

我国明末清初的教育家颜元曾经说过："教子十过，不如奖子一长。"恰当的表扬和奖励是帮助学生树立学习信心、激发学习兴趣的重要手段，也是教师教学当中常用的教学技巧。但是在日常教学中，教师对学生的激励往往存在受奖面窄、操作烦琐、不够及时等方面的误区，所以激励作为诱导学生良好的行为发生的手段，我们应该在知道激励在塑造学生良好行为具有积极作用同时还要注意它的消极的一面，从而使得学生的好的行为和道德得到长期的发展。那么我们在教育工作中如何恰当运用激励就显得更加重要了，由于小学生的心理年龄不是够成熟，教师应该怎样激励，激励什么以及激励的频率和场合等，这些都需要研究。

一、当前小学班主任德育存在的问题

现在大多数的家长和老师都对孩子得到好成绩给予厚

望。家长和孩子说得最多就是成绩，如果取得好成绩，我就带你去哪儿玩，给你买吃的或玩具。这些物质上的激励，开始很管用，随着孩子对所奖励的物质的认识逐渐清晰，也就逐渐地厌倦了这些奖励。比如在平时的测验中，有些老师就根据不同的标准奖励奖品，像这样的激励机制只能激励少数优等生，对于一些学困生来说，等于没有奖励，抹杀了学困生的积极性，打击了他们的自信心。学生的自尊心往往是很敏感和脆弱的。我们应像保护眼睛一样保护学生的自尊心，从而激发他们的学习积极性。"尊认之，人尊之"，你不尊重学生，恐怕学生也很难接受你的教育，如果严重伤害了学生的自尊，只会让学生"自暴自弃"。

一个班集体就是一个大家庭，没有规矩不成方圆。因此，一个班级必须要有一套完善的班级制度来约束他们的行为。而一套完善的班规来源于民主。在制定班规时，要调动广大孩子的积极性，让大家一起来参与班级的建设，民主制定班规。

二、小学班主任德育工作中如何有效实施激励策略

1.德育教育中激励政策要因人而异

小学生的性格、爱好、心理健康情况都有着显著的差异。因此，在实施奖励的过程中要照顾到学生的个体差异性。特别是一些后进生，我们在给他们制定目标的时候，

要根据他们的能力，降低标准。只要他们稍有进步，就进行表扬，这个表扬可以是口头上的，但是要面对班集体表扬。这样，他们才会有成就感。这种成就感会促进他下次向更高的目标奋进，只要他们一旦达到目标就给予激励或是奖励。当面对优秀的学生，我们需要激发他们的斗志，向更高的目标前进。

2. 目标激励，激发学生的拼搏精神

班级确立共同的目标就等于树立了班级前进的方向标。学生生活在一个有优良作风的集体中，会产生优越感和自豪感。班风越好，同学们就会越努力地完善自己的个体目标，从而为维护集体荣誉自觉地奋发努力。班风是无形的力量，它影响着集体成员，使成员向着更高的目标前进。例如，在开学初，我们班就制定了一个"蹦起来能摘到桃子"的班级目标，然后再把这个目标分解成不同时期的阶段性目标，最后引导学生根据个人情况制定本学期的目标。这样，班级共同目标就转化成了学生的个人目标，学生对目标有了足够的重视，而且有了清晰而具体的把握，从而也就增强了目标的激励力量，孩子们的进步十分明显。

3. 参与激励，展示学生的个性特长

一个强大的班委会是展示学生个性特长的平台，是形成良好班风的前提条件。坚持"我的班级我管理"、人人有事做，事事有人做的原则。在班级里实施"责任田计划"，实行岗位责任自主承包制，把班级内每一项具体事务都细化成小岗位分配给各组长，由组长根据组员特点和愿望安排工作岗位。每个岗位都具体到人，每块墙壁、玻璃、门窗、桌椅、作业、两操等都承包到人，每个学生既是管理者，又是被管理者，让每个学生都在班级里找到适合自己的管理岗位。

4. 竞争激励，鼓舞学生持久努力的信心

在班级管理中，竞争是客观存在的，通过教室的希沃智能平板，利用"班级优化大师"邀请家长一起管理学生，学生在学校每一个精彩瞬间或需要修改的地方都会被记录下来。比如，孩子积极回答问题、上课表现突出的，教师现场加分，下课时，要让孩子推荐他认为本节课表现最棒的同学并现场加分，抽屉不整洁、上课开小差也会进行量化评分。

班主任不仅要善于调动学生个体的竞争，而且要善于调动学生群体间的竞争，从而使班级管理有更高的效能。班级优化大师也可以对小组进行点评，这就促进了小组评比的公平性和有效性。同时，各小组间的竞争会更加激烈，使小组成员相互激励，相互促进，培养学生的团队精神，进而提高班级管理的效率。有了评价的依据，最后实行周评、月评、班评、校评制，每周光荣榜前十名被评为"班级之星""合作小组"，每月评出"进步之星"等。鼓励先进生，关注潜能生，对评选出的各类先进生给予表彰、抽奖，并向家长发送喜报，利用班级群大力表扬激励学生。

家长在周末会依据评价标准（公约）来关注孩子需要改进的地方。这样一来，关注的点聚焦了，关注的人多了，孩子们也就逐渐进步了。总之，"激励"是班主任实施班级管理的"上策"，是优秀班集体的"活水源"。它比被动的管、卡、压的方式有着无可比拟的优越性，能充分调动学生的积极因素，激发学生的情感，启迪学生的心志，使班集体之舟朝着胜利的彼岸飞驰。

播撒阳光　收获美好

谢婉婷

　　"如果一朵花不美，就请欣赏它的叶子；如果叶子不美，就请赞美它的枝干；如果枝干不美，就请赞叹它的根基；如果根基也不能使你产生情感的冲动，那么你总该为它是一株蓬勃的生命而讴歌！"

　　初见阳光中队的少年们时，孩子们正在其乐融融地享受课间十分钟，三五成群，好是开心。但当我踏进课室时，第一眼就看到她——肖肖。她坐在课室一边的角落里，不言不语，一双大眼睛扑闪着，望向窗外，神情是那么孤单。我不禁去想：是什么原因让这么小这么可爱的孩子有如此沉重的心事呢？从那以后，我便对她多了几分关注。

　　我带着疑惑在班级中观察了一段时间，发现肖肖经常迟到，听课效率不高，成绩较为薄弱，情绪比较消极悲观。为了更深入地了解孩子的情况，我联系了肖肖父母。肖肖家长告诉我，肖肖自小内向腼腆又胆小，见到亲戚长辈和老师也不敢主动去打招呼，在学校又缺乏自信心而不敢去跟同学交往，再加上不能很好地适应新老师等原因，让肖肖渐渐封闭自我，旁人难以亲近沟通。

为了让肖肖打开心扉，我多次找她谈心。一开始，肖肖几乎闭口不言，基本上没有办法沟通。我依然坚持每天与她互动，询问她最近知道了哪些新鲜事。慢慢地，她也感觉到了我对她的关注与关心，开始喜欢我，想与我交流，会跟我说说家里所发生的事。到后来，她还会与我分享跟亲朋好友一起出去游玩的事情。看着孩子一点一点把自己的心门打开，我的心里别提有多高兴了！正所谓"打铁要趁热"，我在课间主动提议与她一起玩诗词接力、拼音写字急转弯等课间游戏，以此刺激肖肖的学习欲望，并结合孩子的实际学习表现，适时鼓励她、在班上大张旗鼓地表扬她的进步。我也越来越发现：肖肖是一个感情十分丰富且细腻的女孩。当我上课忙着叫别的同学回答问题，对她略有忽视的时候，她会歪着头看着我，微撅着小嘴；在我提醒她回答问题要声音响亮时，她又会眨着那双大眼睛笑嘻嘻地撒娇。

孩子都是有灵性的。在某一天早上，肖肖看到我，马上跑过来热情地拥抱我，并递上亲手为我制作的"专属贺卡"，告诉我："谢老师，我很喜欢你，你就是我心目中的公主。"那一刻，我热泪盈眶，作为一名班主任的幸福感油然而生。现在，肖肖有了很大的进步，不管是性格上，抑或是同伴交往、学习等各方面上；和我的感情也特别好，孩子每一次自信的微笑，都让我感受到了春天的温暖。

一点一滴播撒爱的阳光，时间累积的美好终将花开。教育工作任重而道远，在漫长的班主任工作生涯中，我会时刻提醒自己：每一个学生，都不过是孩子，每个独一无二的孩子也都有自己的花期，爱是最美的教育，只要坚持，孩子们都能在美好的阳光下绽放属于自己的光与热。

不忘初心　携爱前行

谢婉婷

21 名阳光女孩，25 名阳光男孩，46 名阳光少年们组成了现在的阳光中队。作为孩子们的班主任，我与他们共同参与学校的各项事务与活动，书写属于我们自己的故事，有成功的喜悦，也有失败的痛苦。个中滋味交织，却也饱含丰富的养分。

在和孩子们相处的一年多时间里，我始终坚信："教育植根于爱"，只要用真心付出、用爱用心引领，孩子得以在信任的土壤中成长，就能慢慢养成良好的行为及生活习惯。数千万的班主任大家们，早已用事实证明：只用一腔热血和干劲去管理班级是远远不够的，更重要的是要结合科学的管理方式与方法，才能培养出优秀的班集体。

一、调整心态

心态需平和。记得初当班主任时，虽充满干劲，却不时感到挫败，经常性失眠，后来我就一直告诉自己：学生肯定是越带越好的，班也会越带越好的。这样的心理暗示，在一定程度上让我能更加坦然更加自信地工作。在大千世界里，许多事情是我们所不能选取的，正如我们不能选取什么学生来教一样，但我们却能选取自己面对问题时的态度——尽量用平和的心态去对待班里所发生的每一件事，给孩子一个机会，自己用心去应对去引导所发生的实际状况，总有那么一个时刻，孩子自己抓到了成长的契机，继而怀着感恩之心去进步去提高。

学生需热爱。相信每个为师者都对教育事业充满了爱与敬畏，为教育大业积极助力。在我们班里，我与孩子们相互尊重，双方真诚相待，遇到问题与孩子们用心沟通，并及时开班级例会予以巩固。

管理需民主。我们的教育对象——孩子，是一个个富有思想与生命力的独特个体。因此，在班级管理中，我们不能依仗师威，事事皆擅自做主，要充分尊重孩子在班级的主体地位，聆听孩子的想法与建议，全班一起民主表决，视事视时民主管理。

二、凝聚班心

建设班级核心文化。多个孩子身处一个班级，如若没共同的奋斗目标，没共同的班级信仰，易成为一盘散沙。所以，在班级成立之初，建设好具有班级特色的核心文化是极为重要的部分。班主任可从中队名称、中队名含义、班级理念、班级口号、班徽含义、班歌等各项班级文化组成部分中予以思考、建设，继而在班级中广而告之，在孩子们的心中种下一颗班级文化的种子。

号召家长携手参与。众所周知，一个班级由孩子、老师与家长组成。老师与家长相遇，是孩子所带来的缘分。老师与家长的共同目标一致且永远相同——为了孩子更好地学习与成长，每一位家长也都是这个大家庭的一分子，每一位成员都应该尽自己所能去贡献自己的力量。如学校里的交通值日，家长课程，板报制作，节目排练等等，都离不开家长的热心参与，我会积极号召家长与老师一起和孩子走在一条路上，以身作则去维护、去爱护班集体荣誉。同时，我也比较注重活动的有效性，及时总结，并真诚感谢家长们的积极配合与支持。另一方面，在平日里，我也会多引导孩子每天在家都能去做一些力所能及的家务，如扫地拖地，帮父母盛一碗饭，洗碗做菜等，这既是孩子独立自主的一个成长过程，更是教会孩子用实际行动去感恩、去孝顺自己的父母。唯有家校合力，才能共促孩子成长。

三、立好规矩

责任到人。在阳光 2 班这个班集体里，每一个孩子都是班级里的班干部，我们实行的是——全员管班，相互监督。大到班长，小到每一位同学，人人有事干，事事有人干。在这个管理过程中，我会结合孩子们的具体表现、孩子相互之间的反馈，定期去调整孩子们相应的职位与职务。

奖励丰富。在班级里，各方面表现优异的孩子，可获得谢老师的专属"喜报"表彰，抽奖表彰，锦旗合影，家长实时通话表扬等多种奖励。当然，在班级奖励机制里，不仅有物质层面上的奖励，更有精神层面奖励上的奖励。如"一日班长""一日同桌""与老师约会"等多项特殊奖励。只要孩子踏实进步，每个人都会是奖励的主人。

日志详写。我们学校有特色的班级《班务日志》，从考勤到课间，从课堂到总评，所有事项，一应俱全。怎么能让孩子重视并规范好自己的行为呢？我采用了值日班长轮流填写的方式：值日班长早上到班后先考勤并上报至班主任，对每天晨读及每一节课采用"优、良、中、差"的评价方式，如没有得"优"，需上报确切原因，并另设"观察员"予以监督提醒。为了孩子们养好良好的记录习惯，在每天的班主任意见中我也详尽地予以填写，以身示范。

路队监管。路队风貌是一个班级良好风貌的重要体现，也是涉及学生安全的重要层面。为了有效且有序的管理好路队，我和孩子们一起梳理设置好口令，并慢慢地实现由"口说"到"心念"的转变；我还成立了"路队部"，列队时由男女"路队长"分别管理两列纵队；另外班级男生偏多，较为好动，为此男女生在路队行进时"两两对齐"是硬性评价标准，尤其是上下楼梯时，为安全起见，男女生需同时上或下一级台阶，确保路队整齐安静。

午间有序。对在班午餐午休的孩子，我另外成立了班级午餐午休工作干部小组。从排队洗手领餐打汤开始，到孩子们午休结束，贯穿"食不言寝不语"的原则。午餐时，会有小干部监督提醒孩子的排队秩序，吃饭的纪律，饭盒的有序摆放等，午餐结束后小干部统一做小结。我会结合孩子们的具体表现以及小干部们的反馈，予以表现优异的孩子"和谢老师同桌吃饭"的奖励。到点午休时，小干部需统一做好准备工作，如关好门窗、拉好窗帘、关灯等，午休的孩子需统一佩戴眼罩，以助静心安眠，并提醒孩子带好午睡枕被，天气冷时做好保暖工作等。

　　育德先育心，成才先成人。在班级管理中我一直注重的是怎么引导学生去尊重老师、尊重同学，怎么去帮助人、体谅人，从而真正成为有爱之人。但十年树木，百年树人。教育，是慢的艺术，班主任修行更是一场充满艺术性的漫长之旅，希望我们能用"平平常常的心态，高高兴兴的情绪，去做平平凡凡的工作，去享受教育"。愿我们始终不忘初心，永携爱前行！

学会幸福

周茜

我常常想，好的教育该是什么样子的呢？自从当老师以来，这个问题就一直困扰着我，直到我遇上了一群又一群孩子，在教育中遇到了一个又一个问题，我才渐渐找到这个问题的答案。

下面，我想分享的就是曾经在二(5)班发生的一个小故事。2018年10月24日上午第3节课，我心情愉悦地准备去上课，然而，我还没踏进教室，十几个孩子就围住我开始状告小骏同学的种种"恶行"，说他上课抢别人的橡皮，打到了别人的眼睛，不听老师讲课，在地上滚来滚去等等。我立即提醒小骏同学道歉认错。正准备进入课题时，一回头，发现小骏同学已经不在座位上了，那一刻我吓蒙了，赶紧找孩子。

后来，我在教室角落的椅子后面找到了他。他蹲在椅子后面，瘦弱的小身子完全被遮住了，在讲台上根本发现不了他。这一刻，我的情绪比较激动，我指责了他几句，而他顿时回嘴说："我觉得你不喜欢我，我也非常不喜欢你，我妈妈也不喜欢你。"那一句话犹如当头棒喝，我一下愣住了，竟然连反驳的欲望都没有了。我不喜欢他吗？我不喜欢孩子们吗？我不喜欢我的工作吗？那我一直以来的努力是为了什么？这一系列的问题让我的大脑立即关机。开学至今的压力以及委屈喷薄而出，我顺势就坐到了地上，飙泪。孩子都被我吓坏了，坐在座位上一动不动，一声不吭。我就这样释放着自己的情绪，而小骏同学抱住双臂倔强地站在讲台，我们就这样僵持着。

不一会儿，我们班的小衡，一个被诊断为自闭症的孩子蹦蹦跳跳地跑过来，给我递上了一张纸巾。平时他有自己的小世界，关注不到周围人的情绪的。他的眼神依旧是好奇的、迷茫的、懵懂的，可是他的行为于我而言却是一种无声地安慰，那一刻我才稍稍感到幸福。这堂课草草结束了，而我怀揣着职业的迷茫和对自己的质疑前往佛山学习班主任管理技能。也就是这次培训，让我解开了心结。

培训中，所有的老师都在强调老师的任务就是要带给孩子幸福。李镇西老师说："人是教育的最高价值。"作为老师，我们最应该做的是教会学生幸福，优秀的孩子学会珍惜幸福，平凡的孩子学会感受幸福。老师和孩子最应该做的其实就是在彼此的生命中相互留下美好的回忆。那一刻给我的触动极深。

我开始反思，照我目前的管理方法，孩子们能幸福吗？答案是否定的。我想，孩子们一定和我一样感受到了压力和疲惫。在我正在积极寻找方法的时候，岳晓亮老师提出的"四感"教育模式，又给我打开了一个新世界。我尝试着对照小骏的表现，从安全感，亲密感，成就感和规则感来分析他的行为，发现他引发的一系列问题都可以解释通了。同时，孩子每一种感觉的缺失都有几种对应的解决方法，这些方法适用于大多数孩子，我感觉自己手握宝藏，开始迫不及待地想要回来试验了。

回来后，我收到一条来自小衡妈妈的短信，她说："有时候我会想，如果能少活几年，换一个正常的孩子，我愿意。"这一句话让我觉得无奈、心痛。其实，天下所有的父母不都是一样的嘛，他们不就是想看到自己的孩子幸福吗？而教育的真谛不就是陪伴成长，静候花开，让孩子学会幸福吗？这就是我接下来要努力的方向。

教育仍在发生，故事未完待续……

用心浇灌，静待花开

张建婷

　　刚接手四（3）班时，搭班的杨老师看着身材娇小，又是教育新人的我说："真害怕你会被这群孩子吃了！"听完我大概知道这个班的孩子不好对付，也设想了未来我和孩子们的相处日常，但依然自信地觉得自己以前还是积攒了一些教学经验，加上自己足够爱孩子，应该没问题。没过多久，我之前的美好设想就被现实狠狠地踩在脚下。每当家人同事问我近况如何，我定是回答："其他还好，就是纪律特别难管！"管纪律，成了我教师生涯初期遇到的最大难题。我不断询问前辈，求取经验，自己也在不断反思，寻找更适合的教育办法，但都收效甚微。就这样，我在每日的发愁和自我怀疑中，度过了近一个月。我深知再这样下去，小猴子们在我面前会越来越肆无忌惮，成绩也一定会下降。深思熟虑之后，我决定做出一些改变。开学第 4 周的周一，我在班会课上向全班孩子 90 度鞠躬道歉。道歉内容大致如下："孩子们，对不起。开学已经 21 天了，你们知道 21 天意味着什么吗？ 21 天，意味着一个习惯的养成。张老师很抱歉，21 天过去了，我还是没有让你们养成很好的学习习惯，上课爱讲话的同学还是很多，作业不认真完成的情况还常有，不认真书写……"还没等我说完，孩子们就七嘴八舌的回答我"老师，不是你的错。""老师，是我们不听话。""老师，应该道歉的是我们。"当然，我也还看到有一两个同学在发笑，但听着绝大部分孩子的回应，我倍感欣慰，不禁眼眶有些湿润。我接着说"过去的 21 天，我们没办法改变。那接下的 21 天，让我们一起努力，试着去养成一个好的学习习惯好吗？"孩子们异口同声地答道"好！"那声音非常的坚定。

从那天之后，孩子们的表现确实有进步，我每发现孩子的进步，就大力地表扬，试着去发现每个孩子的闪光点。有几个之前特别皮的孩子，开始变得认真听课，积极回答问题了。对于那些平日不敢亲近老师的孩子，我采取主动亲近他们的方法，总是有意无意的和他们聊天。我放下说教，耐心听他们分享生活趣事，也常常分享我的童年趣事，我们的关系越来越亲密，取得他们的信任后，我再将德育工作融入我的课堂，与课文相结合，在智育的同时，进行德育的渗透。就这样，孩子们越来越配合，我上课的状态也越来越好，德育初见成效。

正当我以为他们的习性正在变好，一切都在我的掌控之中时，周末来了。两天不在校，周一那天，学生们的表现让我再次受挫——他们又恢复了之前的"野性"，开始放飞自我了。我陷入自我怀疑，为没有让学生养成好的学习习惯而自责头疼。在理性思考之后，我觉得根本问题还是好习惯没有养成，如果只能靠老师的时时督促才能表现好，那这种"好"只是一种表象，是很容易瓦解的。于是，我开始家访，将科学的教育观念传递给家长，通过家校合力，一起帮助孩子养成好的习惯。

作为老师，我们都希望孩子能尽快养成好的学习习惯，可习惯的养成，哪是短短几天就可以做到的呢？我试着放平心态，将所定的规矩不断落实，说到做到，让学生先适应我的新规矩，严格要求他们，不给他们钻空子的机会。同时在课堂中多寻找表扬机会，让孩子们有学习的榜样。此外，我还努力让自己的课堂变得更丰富有趣，吸引孩子们的注意力。我也不放过任何和学生谈心的机会，多询问他们对课堂的看法，对作业的看法，甚至在出现问题时，让他们自己提出解决办法，我再最后定夺。这样做既让学生有了参与感和责任感，又不会过分的民主。又过了一个21天，孩子们的学习习惯比之前好了许多，虽仍有瑕疵，但更多的是成长与进步……

春日，班上有位小女孩送了一束花给我，并对我说："如果我送你的花开得很大，那是因为我想把最好的东西给你。如果它只开得小小的，那它就可以陪你久一点。"美好和陪伴——这是一位10岁孩子对送花的解读，也是

22 岁的我，最想送给孩子们的礼物。孩子们，你们也是一朵朵含苞待放的花朵，我愿意用心去浇灌，尽心去呵护，耐心等待你们花开的那天。

读《教师如何与学生建立良好的师生关系》有感

吴敏资

　　读了《教师如何与学生建立良好的师生关系》这篇文章后，深有感触，尤其是这几句话一直在我的脑海中萦绕盘旋："爱是教育的魂灵。只有热爱学生，才能正确看待、宽容学生所犯的错误，才能耐心地去雕塑每一位学生。""尽可能深切地体味每个孩子的精神世界——这是教师和校长的首条清规戒律。""教师要学会赞赏每一位学生：赞赏每一位学生的独特性、兴趣、爱好、专长；赞赏每一位学生所取得的哪怕是极其微小的成绩；赞赏每一位学生所付出的努力和所表现出来的善意；赞赏每一位学生对教科书的质疑和对自己的超越。"这也让我想起了日常班级教育管理中的一个案例：初识铭，他长得黑黑瘦瘦小小的，耷拉着眼皮，闷着头一言不发，在他脸上找不到孩子应有的那种天真可爱或淘气，漠然地坐在教室里很不起眼，如果他不哼声常常会让人忽略他的存在。

时间久了，慢慢地发现他并不是想象中的那种沉闷乖巧的小男孩，他常常会弄出点小动静引起你的注意，甚至让你恼火。比如下课他会和那几个特别活跃的男孩子你追我赶，猫着腰在教室窜来窜去，甚至在地上滚来滚去；上课他自己干自己的，就不按要求跟同桌或小组同学合作学习、交流讨论，让小组同学又是抱怨又是无奈；同学不小心碰了他或拿了他的东西，他就发脾气摔水壶摔书本，一个新水壶常被他摔得伤痕累累；每天的作业交上来让你看了脑海里只会蹦出两个词：鬼画糊涂，难以入目。数学老师安慰我："现在他能做能交就不错了，一二年级的时候他做都不做，不管你老师怎么说都没用。还说其实这孩子还是蛮聪明的，但家长实在太娇惯溺爱了，任由他使性子，老师同学都不敢惹他，孩子心理多多少少是有问题的，我们老师也别把他逼得太紧，差不多就行。"既然这样，那我就边观察边了解吧。

一天，英语老师来找我，交给我一张小纸条，一看是一张对我评名班主任的学生满意度调查表，她说："全班其他同学填的都是非常满意，只有铭填了个不满意。"到班里一了解情况，孩子们都望向铭，纷纷指出铭的所为，虽然是匿名的，但看来孩子们都清楚只有铭会这样，都对铭的做法挺生气，可我发现铭竟然没有半点不好意思，坐在座位上悠闲地毫无顾忌地笑着，好像挺光荣似的。我明白了，他是故意的，他也许不是要针对我，换任何一个老师他可能都会这么填，他就是要显示他的与众不同，要看看你们老师能把我怎么样，严重的心理缺失！我把他单独叫到办公室，问他："老师有哪里做得不好的地方，你能说说吗？""没有！"他仍是一副漠然的表情却回答得很快速，接下来不再哼声，谈话无法继续下去。是什么让他的心小小年纪就如此冰冷呢？我陷入沉思……一天午练，我站在铭旁边看他写字，发现他笔捏得太下，写的飞快，而且每一个字的每一笔都是凑起来的，根本没按笔顺去写，难怪他的字那么难看。我给他指出来后，他还是一而再再而三地写错，我气得拍了他的手两下。没想到他拿着笔恨恨地在纸上画了几条长长的线，以示对我的不满。我知道此时我得忍住性子对他，于是我深吸一口气，放低声音，放缓语速，一遍两遍三遍地示范指导，他看我不厌其烦地教，不再抵抗，按照我示范的笔顺一笔一画去写，字果然规范工整不少。我让他把刚写的和前面写的对比一下，看看是不是感觉舒服一些，他虽然没作声，但从他后面写的态度可以看出他对我的建议表示赞同。后来我发信息跟他妈妈说了这个情况，他妈妈还是挺重视的，马上送他去练字了，还把情况反馈给了我："铭今天去练字了，写得很认真。"有一天铭生病了，他妈妈来帮他拿书包，我趁这机会跟他妈妈当面聊了很久，也了解了不少铭的情况：爸妈都是高材生，很晚才生铭，铭自小体弱多病，爷爷奶奶爸爸妈妈心疼，生怕他怎么了，全家都护着他顺着他，导致铭心里只有他自己，稍不如意就发脾气摔东西。因为他的自私自我，没有同学愿意跟他交往，导致他的性格很孤僻。作业不写家长也不要求，以前的老师反馈情况，家长照样护着孩子，认为他身体不好不要逼他，所以平时他想学就学想写就写，老师也拿他没办法，期末考试的时候他才会认真对待。现在三年级了，家长也慢慢意识到问题的严重性了，但又不知怎么去改变。我跟铭的妈妈阐明了自己的观点并告诉她如果要改变孩子希望她能按我们的要求去配合引导。他妈妈表示同意。

为了调动孩子们的积极性，培养他们的上进心及你拼我赶的精神，我让每个孩子找一个竞争对手。铭选的对手是彬，两人确实可以一拼，尤其是书写，在班里最让我头疼。又是一天中午，孩子们边练字我边巡查边批改，发现铭把写字的速度放慢了，在认真描摹，而彬却仍在随意地写，整个字就像他的人一样是散架的。我把铭的写字书拿给彬看，并示意他："你输给对手啦！"彬不好意思地点点头，态度才认真一点。拿回给铭时，我趁机对他说："加油，超过彬了，再工整点，彬也在努力发誓要追上你呢！"铭埋下头写得更用心了。铭的妈妈也发信息告诉我："谢谢您对孩子的关注！铭在学校可能话不多，其实您说的话他都记在心上了，怕迟到，每次都是跑着上楼的。中午没找到字帖，回来都急哭了。晚上回来作业也会认真写，这学期感觉他懂事了很多。他爱看书，特别爱看科学故事书，每次上厕所都要先去找几本书带着。以前作为家长的我们，对孩子要求没那么严格，孩子一些习惯没养好，新的学期，我们一定会配合老师，对孩子严格要求，让孩子有更大进步。"

期中考试后我进行了一次突击检测，目的是了解一下他们平时课堂听讲和知识的掌握巩固情况，铭不及格，做得很随意，一看就知道完全没把这次检测当一回事。我给那些态度认真、做得好的同学都加了分，每人还获得一次抽奖机会。抽奖时看得出来那些态度随意的同学脸上羡慕又懊悔的表情。当然我也不忘提醒他们隔几天我会再检测一次，只要有进步都可以加分和抽奖，哪怕进步 0.5 分，这句话似乎让他们眼睛都放亮了，包括铭。几天后，检测如期进行，这次他们可不敢再大意了，上次错过加分不说，还错过有趣的抽奖和丰富的奖品，有些人肠子肯定都悔青了。试卷改完后，全班除几个同学保持原分数外，其他都有进步，铭进步了 30 多分，是全班进步最多的，不仅获得了很高的加分，还比别人多了两次抽奖的机会。看他在同学们羡慕的眼光中欢悦着走上讲台抽奖的那得意开心劲儿，我的心也轻松了不少。后来又进行了一次单元测试，试卷题目比较灵活，稍不留神就会出错，改完全班的第一页，我惊讶地发现，全班只有铭一人全对，我在他的试卷第一页写了一个大大的"好"字。我忍住兴奋，上课前告诉孩子们我改了第一页，但全班只有一个同学全对，一分也没丢，猜猜会是谁？"淇！""芯！""晟！"孩子们看我一个劲儿摇头不哼声，又是惊异又是着急。当我说出"铭"的名字时，全班至少沉静了30秒，然后同时爆发出"哇"声，随后便是啪啪啪的掌声，目光不约而同地投向铭，我看见铭的眼睛里放射出异样的光彩，面部表情是那样的柔和，这是我这几个月来从未在他脸上找到过的。接下来的日子里，虽然他仍不怎么吭声，但课堂点到他时会大方地站起来回答问题了，见到老师也不再那么漠然，作业也越来越规范，每一次测试都会认真对待，并且成绩保持稳定。

一天晚上，接到铭的妈妈发的信息："吴老师您好，感谢您对孩子的肯定和鼓励，孩子的自信心提高了，学习也更主动了，谢谢您对孩子的严格要求和关注，我们家长也会认真配合学校，争取让孩子取得更大进步。"还有什么比这更值得欣慰和庆贺的呢？是啊，有时改变一个人并不需要太多，或许一个"好"字，或许一句话，或许一次掌声……只要善于抓住契机，有时一个点就是一次飞跃！

爱让我赢得你

余舒宁

开学之初，在结束了一系列的培训之后，学校送给了我们几本书，其中就包括它——《正面管教》。在接下来的时间，我和这本书开始了一段形影不离的日子。但到目前为止读过的章节已经给我带来了不少教育学生方面的灵感。尼尔森在第二章提出了"赢得"孩子的概念。对比"赢了"和"赢得"，仅仅是一个字的区别，意义却是差之毫厘谬以千里。试想，这个孩子原本就是你自己的宝贝，但是一个"赢了"把他变成了你的对手，"赢得"却是实实在在让你以后在教育孩子的成长中获得了一个最重要的同盟。孰是孰非，每个人心里自有定数。接下来，尼尔森马上给我们一个"赢得合作的四个步骤"，根据我的理解，我把这个概念总结为以下四个步骤：1.表达对孩子的理解；2.表达对孩子的理解（主要是情感上的认同），最好有类似经历的感受；3.表达自己的感受（针对孩子的行为，而不再是类似经历产生的感受）；4.和孩子一起解决问题。

　　这是让抱着完成任务心态的我眼前一亮的一个章节。也许是上帝故意给我一个机会去验证这个眼前一亮，第二天，班上就有一个男孩带了游戏卡片到校，其他孩子激动万分地跑到办公室"报案"，当时我只是让孩子们去教室帮我通知这个孩子拿着卡片到我办公室来找我。显而易见，事情没按照我的想法发展下去，当我去到教室里，卡片男孩已经泪流满面，而其他孩子围着我七嘴八舌地告诉我："老师！他不肯把卡片拿出来！我们让他去找你，他也不肯！"动用狮吼功把其他孩子安抚好后，我把卡片男孩带回了办公室。在走回办公室的路上，我仔细回忆了一遍昨晚在《正面管教》里学到的干货，再开口和孩子聊起了刚刚发生的事。我给孩子提出了一些问题：1.你觉得带这些卡片来学校是正确的还是错的呢？2.那你为什么要带过来呢？是想在午托班玩还是想放学的时候玩吗？以上是在表达对孩子行为的理解，接下来为了表达出对孩子的同情，我讲了我曾经也有过的类似经历，分享了想把自己喜欢的东西带到学校和同学们分享的心情，也说了如果我的东西被别人"抢夺"我会有什么样的感觉。紧跟着可以看出卡片男孩的心情放松了许多，已经不再哭泣，也不抵触和凶巴巴的老师交流了。作为此刻平等的好朋友，我问孩子："如果你是我，刚才看到一个宝贝，他自己做的事情不是那么正确，而且忘记了我平时对他的疼爱，只是努力在拒绝地我沟通，你会有什么感觉呢？"孩子的眼睛里出现了除了生气、委屈以外的其他情绪。也许此时此刻他也能理解作为班主任的我，也许他突然发现还有好多事他之前并没有想到，也许他的小脑袋里有更多我没有想象到的内容。最后的最后，原本凶神恶煞的老师和原本胆战心惊的卡片男孩大手勾着小手一起探讨出了处理卡片的好办法。

　　这是一件多么开心的事，我没有失去我的宝贝，我反而得到了一起成长的同盟。这是一件多么简单的事，不费一兵一卒就能达成最好的效果。这是一件多么小的事，它可能每天都会发生在我们的身边，它可能每天都需要我们正面处理。

读《与儿童对话》有感

余舒宁

"哲学"这一词，给人带来的感觉通常是晦涩难懂，需要很强的逻辑思维和思辨能力，儿童与哲学似乎扯不上联系。但作者马修斯在书中把儿童与哲学通过课堂"对话"的形式联系起来，哲学问题的探讨在他们的交流中变得简单有趣，比起成人，或许儿童其实更具有开放的哲学思考能力。但是成人往往会忽视儿童有"做"哲学的能力，马修斯在"发展心理学"章节中提出，"没有任何一种被广泛接受的发展心理学理论曾真正地肯定前青春期（9–12岁）的孩子具有哲学思考。"

读完书后，我发现自己其实陷入了一个误区，那就是孩子问什么，我就按照自己的常识经验或学到的知识回答。但事实上，这样真的对吗？像书中"知识"章节出现的一个例子，讲述的是莴苣种子的事情，幼儿园老师与孩子们一起种植莴苣种子，有孩子问："为什么老师知道这是莴苣种子而不是番茄种子呢？"老师的回答是袋子上写着呢。

孩子又说："那万一种子店的老板贴错了呢？"在孩子的不断追问中，会发现有些问题我们也无法回答，并且这些问题并没有什么实际意义。

但这样的对话，在孩子的成长过程中，应该会和老师、和家长都出现过许多次，孩子总会有着很多奇思妙想，提出很多"古怪"的问题，很多时候不该用成人思维把其视为幼稚。但通常情况下我们的回答，其实是把他们思想的延展限制住了。马修斯却展现了与儿童探讨这些问题的无限可能性。他与圣玛丽音乐小学的八位小学生之间的十一次课堂对话，每一次都通过自编的故事引入，提出问题，把课堂上孩子们激烈的讨论记录下来，最后根据孩子们的对话改变成故事的结尾。每一次孩子们发现他们的讨论被写进故事里，他们都很开心，觉得受到了尊重，下一次他们就会更加积极地表达。马修斯通过在旁引导对话帮助孩子建立逻辑性，让他们自由地思考，激发他们的热情。每一次的辩题也都十分容易理解，例如"花真的会快乐吗？""被修复后的帆船还是原来的那只帆船吗？"虽然讨论过后也很难得到一个确切的答案，但真正有意义的是孩子们思想碰撞的过程，他们学会了思考，所有的问题都激荡着辩论的回声，就如马修斯所说："幼童拥有真正具有想象力和创造性的思考能力"。

于是我意识到，教育者该做的是在孩子的心里种下一颗哲学思考的种子，对于儿童来说"探讨问题的过程其实远比答案重要"。

书中如此多的"对话"实例，也向我们证明了儿童具有强有力的观察力、丰富的想象力、持久的雄辩力，甚至道德反省与分析的能力，展现了儿童具有丰富的哲学能力。因此，马修斯希望我们成人能够尊重儿童，相信儿童哲学思考的能力，摒弃优越感，在互相尊重的基础上，与小孩一道处理纯真而意义深远的哲学问题。

应试教育之所以被批判，是因为这样的教育模式培养出来的学生容易形成固定僵化的思维模式，思维多样性和创造性渐渐退化。每一个教育者在从事教育之初就应该明白，培养孩子的思辨能力，让他们学会感受知识才是最重要的。

与儿童对话，用尊重、平等的态度对待他们，用智慧、简单的话语引导他们，用实际、真切的行动鼓励他们，在孩子的心里种下哲学的种子。儿童哲学教育应该受到重视，在一定程度上，哲学教育也可以说是培养儿童"化被动为主动"的能力，培养他们的想象力、创造力和思维的逻辑化和理性化，进而养成孩子善于思考、勤于思考的良好习惯。借一句话结尾："教育必须将'教'和'育'统一。教，是让学生和知识发生联系。而育，必须像春风一样，保护学生的求知欲和好奇心，激发他们思考。"

我与孩子们的"微妙"故事

张思璇

　　一个暑假过去，我的学生已经二年级了，这是我陪伴他们第二年的开始。一年的时光对于我和我的学生来说，长短是不一样的，对我来说是我人生的二十几分之一，对我的学生来说，可能是他们生命的七分之一。一年前的他们和现在相比，有了很大的改变，这些改变体现在很多方面，所以我在对班级的管理上也做了一些调整，有些得到了成效，有些还需要调整，但我发现所有方法中，以鼓励代替批评，都是更有效也更令人愉悦的。绝大部分人都喜欢听到表扬，成年人是这样，孩子更是。由于生理和心理的不成熟，孩子比起成年人，更容易犯错误，孩子犯错时老师的应对措施，可以影响孩子们的表现。比如在上课时，总有一些同学讲小话，走神，坐姿不端正，这时候一个个来纠正见效比较慢，而且学生听到批评比较容易有抵触情绪，有些性格比较倔强的孩子很难改正，在这种时候，如果老师选择表扬一个做得好的同学，就能影响好几个孩子，再接着表扬几个有进步的孩子，基本全班也就安静下来，或是能坐端正了。

我的"表扬策略"还适用在早上的出操环节，我们班由于男生比较多，所以比较活泼，这种活泼在需要整齐标准的踏步，做操环节，就不那么有优势了，上学期做操甚至曾经出现过一周扣八分的"惨案"，为了改进我们班的踏步和做操，我也尝试过许多办法，比如做操回来在教室门口练习五分钟左右的踏步，单独把踏步不标准的同学留下来练习，把做操不标准的学生留下来练习，经过这些努力，我们班的出操情况有了比较明显的改善，但是这样耽误他们的时间，也耽误我的时间。于是这学期，我想出了另外一种方法，我给他们制定了一个"加分政策"，从出操开始，到结束回班，如果得到我三次点名表扬，当天出操就可以加一分，得到一定分数，就可以参加抽奖，如果被批评了，就不能加分。这三次表扬我一般会在进场、做操和退场各进行一次，对有进步的同学，也会进行鼓励性的表扬。这个方法实施之后，我发现他们有了很大的进步，本来就做得好的自然不必说，那些调皮的，想偷懒的，为了得到加分的机会，也会绷紧神经，认真对待，我们班最近这几周出操，都没有扣分。

最后，我还把这种鼓励手段应用在我的作业安排上，从一年级开始，作业有进步或是做得好，达到一定的次数都可以来换奖品。作为一名语文老师，从二年级开始，我更注重他们课外阅读的积累，于是我给他们增添了一项"阅读积累"的作业，每周一次，周一上交。这项作业不是强制的，但是做了的同学我会给他们相应的星星印章，一至四颗不等，只要当周得到一颗星星，就可以在评价手册上盖上"阅读之星"的印章，每个月获得星星数最多的前五位同学，可以获得抽奖的机会。在这种鼓励手段之下，绝大部分同学都积极完成阅读积累作业，得到了奖励，也获得了知识。

　　我想说的是，批评和鼓励都是方法，都能使孩子们行为习惯的各方面得到改善，批评从来都不是目的，只是一种方法，但是比批评更有效，孩子们更乐于接受的，还是表扬。当然，表扬不适用于原则性、安全性的错误，对于除此之外学生们犯下的错误，也许先进行几次深呼吸，想想从什么方面切入，利用表扬的带动作用，对我们彼此来说都是更好的方法。

做班主任的两个月

李小玲

今年 9 月，我怀着忐忑的心情，成了班主任大军中的一员，担任一年级 1 班的班主任。班主任的工作远比我想的要烦琐复杂，不仅要对孩子负责，还要跟家长打交道，更要和各科老师、领导进行各方面的交流。

最初我给自己定的要求是：要孩子们平平安安来学校，平平安安回家去，在平时要以身作则，身体力行告诉孩子们哪些该做哪些不该做。我想把我能想到的事，尽量提前说到位，保证各项事务都能正常进行。由于是第一次做班主任，我还特地求助了好几位有班主任经验的朋友，综合他们的建议，开始构思各项事务如何开展。在开完学校大会后，我拿到了学生名单和家长的联系方式，算了下时间剩不多就要开学了，于是当晚我就将家长的号码录入手机，建好了 QQ 群，一一发短信通知家长们加入，方便接下来工作的开展。而后又联系家长来帮忙打扫教室、布置板报。

在打扫的这天，我第一次看到了孩子们。小小可爱的，这些刚刚从幼儿园出来的小朋友，什么都不太懂，见到我也不太敢叫老师。布置板报的时候，孩子们都流露出想要帮忙的神情。于是我灵机一动，以手上准备好的装饰物为诱饵，随口提问，答上的孩子可以获得装饰物，拿到家长身边去帮忙布置。孩子们兴趣盎然，纷纷涌上来，在我提出要排队后，也很乖地去排队。

于是我们在欢声笑语中，为一（1）班的开学做好了充足的准备。开学当天，家长们牵着有些胆怯却又很兴奋的孩子们进入班级，我托副班吴老师在后门帮忙收资料，而我负责在前边引导孩子们就座，以及开始试着和孩子们接触。而后是班主任的开学讲话，主要是欢迎孩子们来小学，以及主要交代一些注意事项。在这个上午中，我很容易就发现了未来可能会成为班上令人喜爱和令人头疼的孩子，但我也告诉自己，不要这么快下结论，要多多观察。半天的接触很快就过去了，我有些不确定自己给孩子们留下了什么印象，但是我知道，我得先尽我所能把事情做好。

我希望我们班的孩子们能成为"阅读、有度、实干"的孩子，喜欢阅读，有把握好处理事情的"度"，以及愿意做事、能做事。我首先建立图书角，给一早到学校后能安静阅读的孩子们进行奖励，以正面的鼓励为主。我对孩子们在日常的一大要求就是学会安静地倾听，尊重他人，不要乱动别人的东西，也不要主动挑起纷争。对班级事务要能帮则帮，每个孩子都有对应要做的事情。孩子们一开始可能因为和我不太熟，有一定的陌生和畏惧感，所以基本上都能按我的要求来（除了个别行为与其他孩子有异，控制不住自己的孩子）。九月份，我带着孩子们逐渐熟悉了校园生活，学会辨认书籍、做好课前准备、遵守午餐午休的秩序、学习广播操和踏步等一系列活动，并很开心拿到了连续四周的文明班。但是从十月开始，我发现孩子们因为对学校、老师、同学的熟悉感日益增强，本就做得不够好的那部分孩子们更加懒洋洋了，而原本一些做得挺好的孩子，也出现了不同程度的松懈。他们的课堂专注度出现了下滑的趋势，同时在课间追逐打闹的情况也愈发严重。由于每日处理孩子们发生的或大或小的矛盾，加上学校其他事务的增加，和来自学校的压力，我变得越发易怒，对孩子们出现了不该有的情绪，背离了我之前"以鼓励为主"的方针。这也间接影响了我们班第八周没有拿到文明班。

在一次和家长的沟通中，我突然发现这个情况有些严重，于是开始调整心态。首先重建对孩子们的耐心，其次强迫自己多多去发现孩子们做得好的地方，表扬他们。对于孩子们没有及时做好的事情，我也协助他们尽快做好。遇到矛盾了，教他们如何进行反思，弥补自己造成的一些伤害。终于情况有了些好转，第九周文明红旗又回来了。

回看过去的两个月，我深知自己还有很多没有做到位的地方，但是也将我能想到的都努力做好了。接下来班主任的路还很长，我要学会及时调整心态，每天带着爱上班，带着满足离开。加油啊，一（1）班！

做一个无愧于心的班主任

孙群力

1998 年"初出茅庐"开始带班，到成为名副其实的深圳教师，从高中教师再到小学教师，我已经是从教 20 余年的老革命了。这期间，我一直战斗在不同区域不同学段班主任或年级组长的工作岗位上，虽没什么大的建树，但一直凭良心干活，自以为是个问心无愧的班主任。桃李不言，下自成蹊，要真正做到问心无愧，我们需要坚持"四有"，即肚中有货、目中有人、心中有情、脑中有事。

班主任要肚中有货。做好班主任工作，需要专业知识的支撑。一个老师专业素养过硬，自然会对学生产生极大的影响和无形的熏陶。因此，班主任需要立足自己的专业，发展自己的学科教学，让学生因为爱上自己的课，而爱上自己这个人。所谓亲其师，信其道。我上课，不会过分讲究单词、语法，有时甚至是随心所欲，巧妙利用课堂上临时生成的智慧作为教学资源。当然，我并非脚踩西瓜皮，而是因上课内容而异，或横向拓展，或纵向挖掘，或贴近生活热点。总之，让学生感觉到我这个老师还是有点料的、我的英语课是很有意思的。它山之石，可以攻玉。因此，除了修炼自己的学科，班主任方面的专业书籍也要看，毕竟我们个人的经验很有限，需要通过阅读博采众长，以完善自己的管理实践。这方面的书籍比较多，如魏书生《民主管理、班级日记》、李镇西《坚持给学生写信》、任小艾《智斗和爱心》、尹建莉《行动磨练》等老师的著作，都可能成为我们解决班级管理问题的金钥匙。

班主任要目中有人。学生是正在成长发展的未成年人，作为班主任首先得明白这一点。金无足赤，人无完人。在教育教学的过程中，我们不仅要看到学生的缺点，更要看到学生的优点，允许学生犯错误，帮助他们改正错误。在老师的正确引导和教育下，力争让我们的学生成为身体健康、心理健康、个性健全的人。我始终坚信，人各有道，学生将来自有他们的生存方式和人生景象。十个指头有长短，学生的起点和成长过程也是千差万别，当我们总在告诉学生一定要如何如何的时候，特别是考上某某名牌大学的时候，扪心自问，我们自己做到了吗？我们当年全力以赴了吗？理想确实要有，但是我不主张假大空式的教育。因此，我会平等对待、将心比心，尊重每一个学生，遵循个体差异的事实和规律，尽量去践行因材施教的理念。如此，尽心尽力，静待花开吧。

班主任要心中有情。作为班主任，我们都明白，对学生的教育要晓之以理、动之以情、导之以行。关爱是一种情，爱心是一种美。做一个心中有情有爱的班主任，让学生幼小的心灵得到阳光雨露般的滋养。因此浓浓的情、满满的爱，是班主任走近学生的法宝。我们对自己的工作有了情多了爱，才能产生工作的动力，才能在工作中倾注满腔热情，发挥积极性和创造性。班主任工作，确实需要花费大量时间和精力，有爱，你才会舍得付出。我们以真诚、平等、信任的态度对待学生，全心全意地为学生领航，真心实意地热爱、尊重和关心每一个学生，设身处地地为学生着想，把真情实爱洒向每一个学生的心田，用爱感化学生、用情感染学生，基本上就能赢得学生的信任和尊重，就能把班主任工作做好。当然，对学生的热爱不是无原则地溺爱与迁就，而是严格要求，真正做到严与爱的有机结合，宽严有度，真情不变。

　　班主任要脑中有事。脑中装着事情，才可能抓住转瞬即逝的教育契机。班级工作，事无巨细，班主任都得放在心上。唯有如此，学生才会感觉到班主任的靠谱，也就不敢轻易挑战班主任的底线。班主任负责的事情，大致可以分为几个方面：首先是安全和成长；其次是纪律和文明；再次是学习和卫生。教育契机是可遇而不可求的，班主任要捕捉这一契机，就要深入学生之中，细心观察，及时发现那些闪光点以及与之不相适应的问题，有的放矢的激励、引导，同时根据学生的年龄特点实施教育。作为小学班主任，由于学生年纪小，自觉性比较差，所以抓好班风建设成了头等重任。在班风建设的过程中，我喜欢从细节抓起，如：学生主动热情地跟老师打招呼、认真积极地完成作业、分工配合搞好卫生、衣着打扮干净整洁、感恩父母和身边每一个人……所有的这些，都是良好的教育契机，每个细节都不能马虎。"无规矩，不成方圆"，在我的"严抓"之下，我带的班级都能在较短的时间内形成良好的行为规范和学习习惯。

师者，传道受业解惑。正因为班主任工作不好做，才凸显出我们存在的意义和价值。班主任是在学生心灵深处耕耘的人，让我们携手共进，做一个无愧于心的班主任吧！

主题班会《沟通无极限》活动设计

孟令静

设计背景：

在人与人的交往中，学会沟通很重要，作为小学生，学会沟通能为自身以后更好地融入社会打下基础。而目前在校的孩子大多为独生子女，在其成长的过程中，家庭环境大都以他们为中心，有些甚至成为"小皇帝"，进入学校经过集体学习生活后，出现许多不适应症：比如在与同学的相处中，当双方意见不一时，当有小矛盾、小误会产生时，看到的往往是对方的缺点，想着的是自己的委屈，所以谁都不愿意主动退一步，不肯主动去沟通；而在与父母、老师或陌生人发生误会时更不愿意主动去交流。其实很多事情都是一些极小的疙瘩，如果能容纳对方的缺点，换位思考后相互沟通一下，矛盾就迎刃而解了，这正是与人沟通前内心的自我调节。本课教学就是要引导学生解除心理障碍，放下包袱，从心底里认识到沟通的重要性，愿意沟通，乐于沟通，在沟通中尝到与人友好相处的快乐！

活动目标：

1. 懂得与人友好相处的重要性；

2. 学会真诚与人沟通，真心与人交往；

3. 体验与人友好相处的快乐。

活动重点和难点：

使学生学会真诚与人沟通，真心与人交往。

活动准备： 教师制作课件。

活动形式： 课件展示、讨论、讲故事、角色扮演、诗朗诵

第一板块：明镜台

活动一：真情猜猜猜

1. 出示案例："孤独的小睿"

去年三月，上五年级的小睿随打工的父母从遥远的四川转到我们学校上学。一年过去了，小睿在学习、活动等方面都很出色，老师和同学们也都对她很好，可她就是没有什么好朋友，常常觉得孤单。

2. 请同学们猜一猜，小睿为什么孤单？

3. 交流后小结：品学兼优的小睿之所以孤单，是因为与别人缺少沟通。

[新课伊始，我以一个典型的案例引入，从孩子惯有的思维角度出发，猜猜小睿同学孤单的原因。这样既激发了孩子的兴趣又唤醒了孩子的记忆，为下一步述说自己的烦

恼奠定了心理基础。同时也初步感知了沟通的重要性。]

活动二：烦恼知多少

1.在你和同学的相处中，有过不开心的事吗？学生在舒缓的音乐中回忆，写下这件事的几个关键词并与老师交流和同学间的不愉快的经历。

2.那你们有没有就这件事主动与对方去沟通过呢？为什么？

3.如果双方都这么想，互不沟通，互不理睬，你们的关系会变得怎样？

[面对陌生的老师，让学生敞开心扉，说出和同学的不愉快经历，说出内心的真实想法，可能有一定难度。让学生在舒缓的音乐中静静地回忆，并写下这件事的几个关键词，可以抒发憋闷于心的情感，并让学生思考"互不沟通，互不理睬"所导致的后果，使学生更深刻地体会到沟通的重要性。]

第二板块：智慧泉

活动一：故事引领

1.讲故事："把伤害写在沙子上"。有这样一个传说：两个阿拉伯人在沙漠中长途旅行，旅途中他们吵架了，一个人盛怒之下给了另外一个人一记耳光。被打的人羞愤异常，愣了好半天，最后一言不语，在沙子上写下：今天我的好朋友打了我一耳光。经过艰苦跋涉，他们终于踏上了绿洲，看到了清澈的河水，两个人兴奋极了，摇摇晃晃向河边走去。此刻，由于极度的炎热、饥渴和劳累，他们的身体承受力已达到了极限，刚到河边，被打的那个人便一头栽进了河里。另一个赶忙上前，费了九牛二虎之力才将他救起。被打的那个人在醒来后拿起剑在石头上刻下：今天我的好朋友救了我一命。朋友不解：为什么我打了你，你要写在沙子上，而我救了你，你却要刻在石头上呢？那人笑笑，回答：把朋友的伤害写在沙子上，风会很快抹平它；把朋友的帮助刻在石头上，可以经得起沧海桑田……

2.听了这个故事，你受到怎样的启发呢？

[这一环节通过"把伤害写在沙子上"这一故事让孩子感悟到在与别人的相处中要容纳别人的缺点，多想到别人的优点，这样才能用更好的心境更理智地面对与别人之间发生的矛盾，从而更主动地与别人去沟通。]

活动二：体悟内化

1.请学生回忆那些和你有过不愉快经历的同学的优点及曾经给你带来过的快乐，请学生同样用关键词表示，写在这张纸上，之后指名学生大声读出别人的优点和曾经给自己带来的快乐。

2.再想想当时的情景，站在对方的角度想一想，你有什么新的想法？有了这样的想法后，我们又该怎样去沟通？沟通时要注意什么呢？小组讨论后全班交流。在明白了沟通的方式及注意点后，组织学生与曾经和自己有过不愉快经历的同学现场沟通、体验。

3、小结：良好的沟通能减少误解；能使他人更乐于倾听自己的话；能使人更快乐。其实沟通远不止在我们的班集体里，生活中我们更要学会主动与他人进行良好的沟通，沟通无极限。

[设计"说优点、说快乐"这一环节目的是唤醒孩子对友好相处的回忆和自己真实的情感体验。孩子在经历了"说优点，说快乐"后将会更深刻地体悟到自己在面对矛盾的时候应该想到对方的优点。孩子的情感认识将在上一故事的基础上更深地内化为自己的情感内需，从而更主动地去与对方沟通。后面的换位思考也给孩子提供了一个可以正视自己意愿，勇敢面对矛盾，自觉反思和进行心理斗争的机会。而设计现场沟通既给孩子提供了一个学以致用的平台，也给曾经有过心结的孩子之间提供一个沟通的机会，打开彼此的心结，由于孩子在上面的故事引领和情感内化之后与曾经相处不太融洽的同学沟通已成为迫切地需要，此时这一环节的安排可谓从孩子的内需出发，真正体现了新课标"以学生为主体"的理念。]

第三板块：回音壁
活动一：我帮你
1.真情表白：你能帮助小睿摆脱孤独的烦恼吗？面对孤独的小睿，此刻你想怎样与她沟通呢？请以"小睿我想对你说"为开头对小睿说几句话。

2.角色扮演：如果此时你就是小睿，面对这样的你情况你会怎么做?

课件出示:

镜头一,班长对你说:小睿,我们班的黑板报要更新了,你画画很不错,这一期板报你给我们当美编吧……

镜头二,活泼开朗的小美对你说:小睿,这个礼拜天是我生日,王灵她们都去我家联欢呢,你也一起来吧……

镜头三,"六一"儿童节快到了,文艺委员说:小睿,这个"六一"儿童节,我们一起编个课本剧吧,我早就羡慕你的写作才华了……

出示三组镜头后同桌讨论,角色扮演。

活动二:我能行

课件出示:

(1)单小英早上乘车去学校,正赶上堵车,挤得水泄不通。她绕道赶到学校,迟到了五分钟,老师批评她不遵守纪律……

(2)陈彬很喜欢看课外书,爸爸看见了总是说:"你就是不好好学习功课,看起闲书来倒挺起劲儿。"……

(3)李东放学回家,路上看到一个小妹妹跌倒了,便跑过 去把她扶起来。一位阿姨走过来,不高兴地说:"你怎么把我孩子碰倒了?"……小组讨论后即兴表演。

[设计孩子为小睿摆脱孤独这一环节,既呼应课始的案例悬念,使课堂首尾呼应,也给孩子提供了练习与人沟通

的机会。而后面设计的三个生活情境其实是孩子经常会遇到的生活的缩影，让孩子真切地面对生活，在生活中勇于、乐于与别人沟通从而体验沟通带来的快乐是本堂班会课的终极目标，也真正体现了"沟通无极限"的主题。

第四板块：启示录

配乐诗朗诵：沟通

沟通，是一把雨伞，用温馨浪漫的空间融合人与人的距离；

沟通，是一弯明月，用清柔淡雅的月光照亮爱与爱的凝望；

沟通，是一道彩虹，用炫彩的桥梁指引心与心的方向。

[在班会课结束的时候设计诗音画的形式，师生在优美的画面、和谐的音乐中共同朗诵诗歌《沟通》，学生的情感、态度、价值观将在余音绕梁中得到升华，学生对沟通的重要性的感悟也更将深刻。]

主题班会《文明校园我先行》活动设计

黄晓华

一、教学目标

通过知识竞答、歌谣，学会运用礼貌用语，使学生养成良好的行为习惯。

通过情境活动，使学生明白文明就在我们身边，促进班级和谐，建设文明校园。

通过情境表演，锻炼学生的表达能力，也给其他同学做好示范。

二、组织教学

班会课前一天，给学生布置任务：收集你身边的不文明行为，你觉得应该怎么做呢？

三、班会课教学

1. 主题引入：播放歌曲《文明礼仪歌》

老师：同学们，听《文明礼仪歌》，有没有同学记得熊宝宝在歌里面教了我们哪些文明用语呢？看一看哪一位同学记忆力最棒！通过学生的回答做出相应的肯定，点评。

2. 礼貌用语问答

老师：今天我要在我们班里寻找"文明小天使"，想成为"文明小天使"的同学就要好好表现了！讲解什么是"语言文明""行为文明"。

老师：做一个文明的小学生，给老师和同学留下好的印象，为班级争光，让爸爸妈妈为你骄傲。接下来一起来学一学日常礼貌用语。（包括见面语表达，感谢语表达，致歉语表达，告别语表达）

老师：怎么用这些礼貌用语呢？在哪些场合我们应该用哪些礼貌用语呢？我们来做一个问答竞赛，看谁说得又快又准。说得又快又准的同学可以为你们小组加上一分哦！（课件出示问题）

老师：你想让别人帮忙时，应该说什么？学生：能不能请你帮我一个忙？

3. 情境表演

老师：大家都说得很不错，看来大家离当文明小天使又进了一步。知识竞赛结束了，接下来我们根据情境来表演吧！当你想向同学借一支铅笔用时，你应该怎么说呢？同桌两人互相扮演角色，如果你想跟同桌借铅笔，你应该怎么做？如果同桌想跟你借铅笔，你会怎么做？学生小组扮演后，请一组同桌上讲台演示。对学生的表演做适当的点评。为上台表演的同学的小组加上一分。

老师：谢谢两位同学给我们的演示，同学们的表演能力都很不错，那在平时和同学相处中也要向现在这样互相帮助。

出示第二个情境：如果课间你不小心碰掉了同学的铅笔盒，你该怎么办？同桌互相扮演角色，老师巡视与学生一起扮演角色，更好地引导学生。

出示第三个情境：出操踏步时，同学不小心打到你，你会怎么做？如果你不小心打到同学，你会怎么做？

出示第四个情境：上课同桌找你讲话，不认真学习，你应该怎么做？

老师总结：我们在与别人交往过程中，要待人有礼貌，平时多用请求商量的口气说话，少用命令的语气说话。那样，大家都能开开心心的，多好呀！

4. 畅所欲言

课件上出示一些不文明行为的照片。

让同学们注意克服和纠正。出示课件主题字：文明礼仪就在身边。

老师：以小组为单位，说一说自己身边的文明行为。说一说你见过的不文明的行为，应该如何改进？你觉得怎样做一名文明的小学生？

四、总结

齐唱《文明礼仪歌》

多么优美的歌声，今天每一位同学都表现得很不错，尤其是得分最高的第 X 小组，请同学们从现在做起，从我做起，做我们班级的文明小天使，和老师一起守护我们最棒的 X 班。

做学生的点灯人

王月梅

10月25日–27日，名思教研在佛山举办"新课程改革背景下全国中小学班主任胜任力提升高级研修班暨学生心理健康与生涯规划高峰论坛"，学校派我和周茜老师参加了这次盛会。这是一次全国范围的高级别研修，请来给我们讲课的老师都是名师。因此，很感谢学校给我们提供如此珍贵的学习机会。下面我将从三个方面谈谈学习的心得。

一、明确角色定位，才能成为更好的老师

这次培训后，我最大的感受是：作为班主任，应该明确自己的角色定位，才能更加思路清晰地开展班级管理工作。人们常说："教师是蜡烛，燃烧自己，照亮学生"，又形容老师的工作为："春蚕到死丝方尽，蜡炬成灰泪始干"。大多数人认为，教师的职业、班主任的工作是不断地燃烧和奉献自己。我自己作为一名语文老师兼班主任，

也在无形中认同这种观念。而在这次班主任研修中，"点亮教育"的创始人梁刚慧老师给我们带来了一个新观念："教师不是燃烧自己，而是点亮自己；教育不是照亮学生，而是点亮学生。"

听君一席话，胜读十年书，梁老师的话让我重新思考作为一名老师以及一名班主任的角色定位。古人云：师者，所以传道授业解惑也。可是，老师在授业解惑的同时也需要不断地自我修正、自我成长。因此，我非常认同梁老师的话。我们教师应该重新明确自己的角色：既是人师，也是己师。如果只会简单重复地教育学生，把自己当作一根蜡烛，那我们就会越燃烧越短，学生的心灯也不会被我们点亮。但倘若我们工作如手举火炬，我们点亮学生，也照亮了自己。教师既要教书育人，也要不断学习进步，这才是新课改背景下作为教师应该持有的观念。

二、明确目标，点亮心中的热情

作为一名教师，需要明确自己为师的目标，才能够点亮心中的那股工作热情。这一点，在研修大会上作分享的老师们身上表现得淋漓尽致。他们都是非常热情、非常明确教书育人目标的老师。在教育理念上，他们敢于突破常规、勇于冲出传统观念的束缚；在育人目标上，他们坚定不移，初心不改。即使是遇到非常难搞的"熊孩子"，他们也没有退缩，还勇于接受挑战，长期观察学生的动态，研究教育学生的有效方法。在这个过程中，他们始终不畏困难和压力，坚定前行。当他们经过一次次的摸索获得成功时，他们会特别喜悦和自豪。可是，他们从不提过程有多么艰辛，而是坚定地告诉我们：相信我，这样做是可以的，你们也可以创造出更好的方法和策略。他们之所以能够做到这样，归根到底是因为心中有明确的目标和被点亮的热情。这是值得我学习的。

三、科学育人，做学生的引路人

教育学生，仅仅靠着经验已经远远不能满足学生的需求。不是经验越多越好，经验如果不科学地使用也会失去作用；不是经验越少越不利，经验加上科学的方法才是最佳的结合。研修大会上，名师给我们分享了不少实用的方法，例如"四感"教育法、家校共育的一系列方法、幸福轮、学生生涯规划等等，种种方法，都在引导我们学会利用科学的方法去管理班级、教育学生。我觉得自己很需要这些科学的方法来指导自己实际的班主任工作，家长也需要这些科学的教育方法来更好地引导孩子形成良好的学习习惯。科学的教育方法，是我们引领学生健康成长的助推器。有幸参加这次学习是幸福的，虽然只有短短两天半的时间，但收获满满，心存感激。今后在班级管理上，我会将这次研习学到的知识和方法运用到实际中去，理论联系实际，找到一套真正适合自己的班级管理方法。

"刀剑"如梦

李小玲

犹记得，在宝安区青年教师雏鹰计划的一次培训中，我们数学班的班主任王金杰老师为了鼓励我们多多记录教育中发生的各种小故事，给我们提供了一些可以用来写教育故事的标题，让我们自行选择并构思一个大概。当时我在这些标题中，一眼就看到了"刀剑如梦"。

在入职的第一个月内，我其实一直处在一个情绪很低落的状态。我实习的时候接触的是五、六年级，这个年龄段的孩子已经知晓了很多，在行为操守方面已经不用再费心强调。来到华附，面对的却是一群二年级的小孩子，我很少有这样一次性面对四十几个这么小的孩子的经历。在最开始和孩子们熟悉和讲课的过程中，我由衷感觉到我讲的话他们"听不懂"——他们要么张着大眼睛懵懵地看着你，要么就是在下面讲小话。由于缺少经验，并且在课堂调控还没有建立完整机制的情况下，在课堂上面对不愿意听的孩子们基本上就是"手足无措"，只会生气地对不听讲的孩子们发火。但是这对其实在认真听课的小朋友而言，并不公平，于是我陷入了无法平衡的两难境地。那时候，我和小朋友们的关系像是站在了对立面，两方拿着"刀剑"，互相对抗，互不相让。后来的教学中，我深知不能再这样下去，于是我先将我的奖励机制基本上确立，然后加上不断要求自己找到孩子们的闪光点表扬，课堂情况有了一些好转。虽不能算是让全部孩子都聚精会神地听，但对比起开学时，认真听的孩子的比例有了一定的提高。与我而言这是个小小的鼓励，但我仍旧觉得我做得不够，还需要再寻求更加激发学生认真听课的课堂组织方式。

迎来转机是前往华师附小学习的那一个星期。在那一个星期内，我有幸跟着边忠玲老师学习，同时还听了另外两位优秀老师的常规课。最启发我的是杨武林老师的课，她的激励措施很特别：在黑板上画了个小云朵，将表现好和积极发言的小朋友的名字写进去，下课拍给家长们看，并且上了小云朵的孩子们还能有印章奖励。在她的课上，基本上每个孩子都坐得很端正，听得很认真，发言既积极又响亮，对于我们新手老师而言真的是"梦想中"。我当然也想让我的课堂像她那样讲课高效、学生有序的课堂，而不是充斥着教师的生气和学生们的低落。回到华师后，我开始尝试使用画小云朵的激励方式，并且跟孩子们说，上了小云朵的小朋友可以盖章，集够8个可以换一次礼物。同时与家长方面沟通，可以根据每日发布的小云朵上是否有姓名来初步判断孩子们上课的情况。这样一来，我既可以在课堂上有激励措施，同时也可以给家长们及时的反馈。令我惊讶的是，孩子们真的很吃这套，基本上我站在小云朵旁边，所有小朋友都立刻坐好，很想我能把他们的名字写上去。有了小云朵的激励方式，我的课堂不需要再刻意维持秩序了。

孩子们的听课专注度提升了，我讲课的效率也高了不少，学生作业反馈也好了许多。

回想起来，开学初那几个月和孩子们"剑拔弩张"的状态恍然如梦一般，在我的努力下，后来的课堂也越来越好。虽然现在没有教那群孩子了，但是他们给予我的挑战和帮助，我会一直记得。

《班主任工作漫谈》读书心得

黄思璇

作为一名人民教师，从书本中获取知识显得尤其重要。人类创造的知识财富，如同浩瀚的海洋，博大精深。

对于初入教育行业的我来说，魏书生的《班主任工作漫谈》就如漫长黑夜中的一盏明灯，指引我走出伸手不见五指的茫茫黑暗，驱散我心中的恐惧。让我了解到作为一名教师，不仅需要有良好的教育素质，更要走进学生的情感世界，了解他们所需要的，了解他们的爱好和才能，了解他们的个性特征，了解他们的精神世界。他在书中阐述的无论是工作上的理论，还是对实践的论述，都让我豁然开朗。除此之外，良好的教育方法对于教育学生也是至关重要的。魏老师和别的专家最为不同的是他总是深入浅出，用最简单的事例引发人们最深刻的思考，用最通俗的话语阐述最精辟的道理。我从以下几方面具体谈谈我的体会：

一、科学管理班集体。

魏书生把对学生进行思想品德教育，培养学生自我教育能力，称之为科学管理班集体。其中最令我欣赏的是他教育学生的"两个自我"，即挑动学生自己斗自己。当学生想做坏事的时候，想象出一个好的自己和一个坏的自己，让两个自己辩论，然后采取什么具体办法，使好的自我强大起来，压住坏的自我。倘若脑中好的思想斗不过坏的思想，我们老师就伸手去帮助好的思想。这样学生就会觉得老师是站在他的角度帮助了他。举个最简单的例子：严格学生的考试纪律。其实大多数作弊的学生就是由于脑子里的天使没有斗过魔鬼。这时候老师该做些什么？就是反复强调诚信的重要性；多给学生加油鼓劲，树立自信；发挥群众监督以及群众舆论的作用。这个方式给了我育人的启迪，帮我打开自己那因循守旧的大脑，帮我找到解决问题的钥匙。

魏书生不仅以"德"治班，更是以"法"治班。在他教的班级中，制定的法规就有30多项，语文教学中的34件事都精心地按时空顺序做了周到的安排，在班级里做到了"事事有人管，人人有事做，时时有事做。"

二、让学生学会关心他人。

师生之间，有许多感情解释不清，分辨不清究竟是谁关心了谁，在人世间，感情总是相互的。当你向对方表示关心之情时，必然也得到对方的关心，这种关心的感情幼芽开始时很弱，很嫩，全然不像炮火连天的战场上用全部生命表现出来的那种关心。但你别嫌它小，珍惜它，一点点地培植它，抚育他，它就会长，长得蓬蓬勃勃，长得苍劲有力，长得经得起狂风吹、暴雨打。作为一个教师，我总在平凡中、在小事中播种关心学生的感情，只要善于播种，就到处都有收获的机会，只要善于培植，你就能生活在幽深茂密的长满关心的感情之树的森林中。

三、班主任要成为敢于行动的人

班主任，首先应该是个行动研究者。每个班级有各自特殊的情况，班主任不但要做个有思想的人，还要敢于行动探究，大胆实践，摸索出一套独特的教育管理方法。在实践过程中，尽管会遇到种种挫折，也许在某一阶段并不成功，但教师要有足够的信心，保持理智的头脑，多反思，多总结，那么在班级管理以及育人方面一定会有收获。

四、特殊情况育人方法。

1. 对后进生的教育。

我对魏老师说过的一句话非常感动：我不会教书，是学生教会我教书；我不会改变后进学生，是后进学生帮我教会了怎样教后进学生。听了这句话，真觉得自己欠缺的太多了，繁忙的工作，重复的事情，磨灭了我的耐心，我对学生尤其是后进生少了太多的关心，我将目光更多地去关注那些成绩优异、多才多艺的孩子了，而后进生处在一个被我遗忘的角落。

其实，后进生也有他的优点，有他的可爱之处，正如我班某个学生在学习上各科成绩都跟不上，无法完成学习任务，被老师、同学视为差生。从另一个角度看，他有他的优点，有时为班级做好事，自觉扫地、倒垃圾等。他也有他的可爱之处，他天真活泼、尊敬老师、团结同学。所以，我们当教师的要多想学生的优点，少想学生的缺点，重视发现学生的特长。了解每个学生的家庭背景，了解学生的个性。树立为学生服务的思想，建立良好的师生关系。

2. 信任学生、尊重学生、鼓励学生。

回望自己管理的班级，总认为学生太小，不懂事。我对他们倾注了所有的爱，为他们牺牲了多少休息的时间，可他们毫无感觉，不能体谅. 有时自己一副恨铁不成钢的样子，可学生照样若无其事，不知发生了什么。特别是几个捣蛋鬼，处处与你作对。细想之下，这是自己管理上的败笔，没有引导学生去尊重人、理解人、帮助人、体谅人，没有让他们形成这些良好的品质，不能体谅老师也就在情理之中了。

通过阅读《班主任工作漫谈》这本书，我更进一步认识到，渴望理解、渴望信任是人们的一种正常需要。对于个别智障学生更需要理解、信任和鼓励。作为班主任，对于这些特殊学生，首先是亲近他们，尊重他们，在学习上耐心引导，生活中热心关怀，经常同他们交谈，了解思想状况，抓住时机，尽量做到多表扬，多鼓励，多给他们改错的机会，树立自信心，使他们感受到在快乐中成长，在快乐中学习。对每一位学生做到公平、公正，对一类学生严格要求，对二类学生不歧视，不挖苦，耐心教育、耐心指导。

教书育人是一项复杂的系统工程，没有定式，没有特殊的规范，《班主任工作漫谈》融汇了魏老师多年的教育思想精华，给人的启迪是深刻而长远的。研读此书，受益匪浅。当然，教育的空间是开阔的，永无止境的，他山之石，值得借鉴，同时也需要自己在其中不断创新，不断探索，才能在教育道路上一往直前。

读《问题学生诊疗手册》有感

周茜

　　《问题学生诊疗手册》是学校精心挑选赠送给每一位班主任的专业书籍之一，本人前期困顿于班级事务，没有时间仔细阅读，两个月前，偶然翻开，如获至宝。

　　这本书不像市场上流通的大多数书籍那样只干瘪地重复强调要耐心地对待问题学生，要爱问题学生，要尽力去拯救问题学生，让问题学生不再是问题学生。要做到这种程度对一般的老师们和班主任们而言，要求太高了，容易浇灭老师的工作热情和对教学的热爱，因为和问题学生斗争的过程太复杂曲折，太耗费精力，成果却又太微小了。

　　去年9月，我接手了一个全新的班级，其中有两个特别的孩子，一个是自闭症患者，由妈妈陪读，另一个是多动症患者，一年级的时候由姑姑陪读，而这一学年，没有人陪读。前者由于有妈妈的陪伴和管理，没有惹出让班上的同学和家长介意的大乱子，而后者，由于入校至今已经惹出过一系列的麻烦，在班上甚至被大部分同学远离，几乎和他同桌的每一个孩子的家长都来恳请我将他和自己的孩子分开。

面对这样一个新的群体，我选中了这个多动症的孩子作为我工作的突破口。我开始使用自己听来的、学来的、用过的经验来处理班级事务，如"擒贼先擒王法"，要想管好一个班，先把"问题学生"解决了，杀鸡儆猴，树立老师的威信；如"用爱感化法"，平时对这位学生关爱有加，有好的表现便在全班孩子面前大肆表扬他，一旦他出现小问题，便与他和平友好地聊天，听他的想法，了解他的思想，安抚他的情绪；又如"家长约谈法"，以前接触过的专家都说，要了解一个孩子的行为和思想，一条有效的途径就是了解他的家庭，因此我约谈过孩子的家长三次，并且前期几乎每天和家长小结孩子的表现，并提出一些建议以便家长试行。家长曾经带孩子去正规的医院诊断过，孩子是患有多动症的。在这一学年的上学期，我把转变这个问题学生当成了主要任务，以期和他的家长一起把孩子带回到正常的生活和学习轨道上来，因此花了很多精力在这位问题学生身上。然而，事与愿违。

本来，我期待经过几个月的调整后，他能给我们一个大大的惊喜，成为一个摆脱了问题的优秀学生，也期待他的好转能促进整个班级变得更加优秀和团结。但是，现实给了我一个重重的耳光。这个学生虽然有所成长，能控制自己上课不随意下位走动，偶尔能回答问题和动手写作业，但依旧出现了很多令人惊异的不良行为，如爬学校四楼的栏杆扬言要自杀；被老师指出问题时自己扇自己耳光；偷偷用铅笔芯戳破自己的掌心，像复读机似的隔绝外界的声音重复地自我否定说自己该死、该打，说自己不配得到任何表扬和优待；不经过允许随意拿别人的东西。这一系列的事情让我手足无措，胆战心惊。而班级在这种氛围下虽然艰难地进步了，但依旧涣散，问题频出。此时，我开始强烈的自我怀疑和否定，因为我并没有成功地转变这个孩子，我没有带好这个班，我渐渐觉得自己可能不适合当老师，开始时满怀的工作热情就这样逐渐熄灭，我的心情也一团糟，我成了一个不幸福的人。

这时，我读了王晓春老师的《问题学生诊疗手册》。我首先看到了这段话：帮轻度问题生和中度问题生变成一般学生，即把问题生变成非问题生，使他们能随上大溜，以后出现问题用常规教育手段基本能解决，这就是了不起的成功了。把他们变成优秀生？当然应该朝这个方向努力，但是不能要求教师做到这一点，因为太难了。至于重度问题生，只要经过教师的努力，把他基本稳住了，该学生对集体没有产生多大破坏作用，就是了不起的成功了。要把重度问题生变成非问题生，专家也未必有把握，不能这样要求教师。教育问题生能做到上述程度，有关教师和班主任的专业水平就算不错了。

这段话一定程度上解救了我，它让我从强烈的自我怀疑的迷雾中走出来，我终于可以松一口气了，我终于可以轻轻地告诉我自己，这一切不全是我的问题，我已经获得了一定的进展，孩子有了一定的进步，虽然微小，但是他的进步是存在的。所以我是一个合格的老师，我没有对不起孩子，没有对不起他的家人的期望。我可以的，我接下来可以找到更好的办法。

带着解决问题的学习的心情，我开始仔细阅读王老师的这本书。书中说的真的很准确，一位真正优秀的教师，直接用在问题生教育上的时间反而应该很少，而每天和问题生对着干的老师，几乎可以肯定是专业水平比较低的、精力倒挂的……问题生只是教师工作对象的一小部分，对问题生教育绝不是越重视越好，教师也不该被问题生牵着鼻子走，花费过多的精力。我前期就抓错了主要矛盾，把问题学生当成了主要矛盾来解决，从而一路被这个孩子牵着鼻子走，反而忽略了班级另一股有更大概率好转的主流学生。那接下来我该怎么转变困境呢？我准备在书中寻找答案。这本书既不抽象谈理论，也不单纯地讲故事，而是理论与实践相结合，分三部分组成：第一部分解释问题生的类型、形成原因及对策；第二部分进行专题分析，针对每一种问题行为分析所有可能的成因及相应的对策；第三部分用真实的案例来讲解对于各对策的具体使用。书中也提出了，我们应该将线性思维转换为网状思维，在教育问题学生时要考虑更多的变量，慎重行事，期望值也应该调整到实事求是的程度。我遵循王老师书中的建议,采取教育问题学生的上策:把问题生晾在一边,全力以赴地带领全班同学前进,不去刻意关注和教育问题生。在这个基础上,我安排了几位可靠的负责的学生帮我关注这个问题学生的行为,保障他的安全。我确定了主要工作对象之后,踏踏实实地制订学习计划,制订班级管理细则,之后坚决践行。经过两个月的坚持,整个班级焕然一新,连续两周获得优秀中队,在文化艺术节的会演上拿到特等奖,班级单元测试的平均分快速上升,和其他班级已经能够齐头并进了。接二连三的好消息让班上的学生和家长更加自信,更加团结,更加努力,而在这种氛围的影响下,那个问题学生也受到了鼓舞,越来越想融入这个一直上升的团队,对自己的要求明显提高,对基本的常规也越来越重视,对学习也有了劲头,伤害自己的行为也越来越少了。我想这就是近朱者赤的正面实例了吧。在当下这种情况下,我也没有放弃对这个问题学生的教育。在这两个月以前,我曾经多次向孩子的妈妈反馈孩子会伤害自己的问题,真诚地建议孩子的妈妈一定要再次带孩子去正规的医院诊断治疗,从而保证孩子尽量地保护自己的生命安全。可是孩子的妈妈总用各种理由拒绝,也许是怕孩子要吃药,会影响智力发育,也许是担心孩子被贴上患病的标签,被其他孩子歧视,或者还有其他的顾虑。在和孩子的家人接触时,我明显感觉到了孩子的一部分问题是家长带来的,是家庭环境影响的。但是家庭环境这一块是我们不好插手的，超出了职责范围。然而，我依旧向孩子的家长及时反馈孩子的在校情况，在家长状态比较好的情况下还分享一些比较好的家庭教育理念和方法，也会根据书中提到的一些知识，就孩子的特殊行为进行理性的分析并给出方法指导。我在尽力做一些自己力所能及的事情，虽然我没有办法深入孩子的家庭去干涉孩子的家庭教育，但是在我的职责范围内我尽心竭力，从而做到问心无愧。这也就是王老师所提到的有些工作并不是越深入越好，对于有些事情，还是不深入为好。最后，借用李镇西校长对这本书的赞誉来表达我对这本书的赞赏吧：打开这本书，我们便打开了教育智慧的"百宝箱"。谢谢这本书让我自信自知，懂得勇往直前和适可而止。

成长三人行　践行教育梦

黄青春

　　有缘走进"三人行"，跟随由山东丁柏恩老师带领的两个三人行班主任工作室联盟里的一千名班主任学习，每天被深深地感动着，感谢"微信"，让地球村的老师们的心竟然如此零距离地凝聚在了一起，在这里不仅仅是"微微相信"……首次与群主丁老师沟通，感恩于他的慷慨和真诚。邮箱的账号、密码无私分享，还手把手教你如何运用，邮箱里大量经典著作的电子书涉及多个专业，令人兴奋，甚至还有我最最喜爱的摄影技巧培训资料。当然不忘丁老师的谆谆教导："假期我们要花大力气一起共读经典。"接下来，我拜读了丁老师的大量好文章，有深度、有温度的文字传递出他与学生爱的传奇故事。在这个阶段，我在教学中遇到了问题学生的困扰，毫不犹豫向丁老师讨教，其智慧而理性的分析和应对策略更是让我大开眼界，同时我也有幸正式成为"三人行"中一名学子。

　　进群的时间，适逢参加《偷师杜威》的作者邱磊老师的讲座，杜威的教育发展历史及箴言在邱老师和风细雨般的讲述中变得浅显易懂、生动有趣，我便果断买回了这本书，还幸运地成了邱老师的微信好友，可以边读书便向作家请教。爱教育、爱阅读、爱写作的邱老师不仅教给我阅读的方法，还详细介绍了如何打造"学习共同体"的操作步骤，这让我对《教学勇气》中"认知共同体""教学共同体""学习共同体"等章节的理解有了形象依托，使读书不再枯燥，疲倦。读让我有了写的欲望，当我踌躇中跟邱老师表达这个心意时，邱老师不仅大赞我的想法，还乐意为我修改文章。由于空间距离的缘故，我不用害羞自己文笔拙陋而不敢面对老师，于是摒弃了过去的东拼西凑开始大胆裸写。每天翻开老师发给我的回复稿，看到邱老师用修改符号一丝不苟地指点令我内心激动而温暖，我能更深层地体会到肖复兴当年写作《那片绿绿的爬山虎》怀念叶圣陶老先生的情感了，更感受到作为一名师者的骄傲。呵呵，有时我忍不住向家人炫耀："我也有老师啦！"我们学校宣传墙上雕刻着一句话："做学生生命中的贵人！"我一直在这样努力着。现在，我也有幸遇到了我生命中的贵人。

"三人行"每天充满了生机和活力，第一期轮值群主——湖北美妞夏婷老师活力四射、智慧灵动，刚开始什么"抢麦""拍砖"等一系列网络主持术语让我觉得新鲜又好玩，我除了爬楼学习轻易不敢开口，但后来这个可爱的小姑娘高超的文字提炼能力、轻松坦诚地交流方式又深深吸引着我，时而一则教育故事，时而一段旋律优美的歌曲，引得群里有的老师用"配音秀"软件唱起歌来，有的老师用"为你读诗"软件深情吟诵起来。哈哈，好一个快乐大家庭！我记得自己第一次在群里长篇大论的发言就是在这种轻松愉悦的氛围中畅谈我的班级活动开展，还得到了好多老师的点赞，甚至有了几位"小粉"单独加我为好友。

"三人行"给予老师们心灵的慰藉，让我们内心不再恐惧。正如丁老师所说：感谢北师大的吴国珍教授，翻译并推荐《教学勇气》。

正如书中所言，我们的心灵已经被忽视而孤独太久了。我们需要学会倾听彼此内心的声音，让我们的心灵重新焕发生机，让心灵的自主成长，指引我们的生命。其实，教师生活并不全是快乐相随，来自学校、社会各个层面的压力，不公等现象也会令老师们心灰意冷。有心的第二期轮值群主——南京陈强老师，带领大家展示自己记忆中最有魅力的老师，回顾自己当年走上三尺讲台时意气风发的画面，深刻剖析教师职业倦怠的根源，如今的我们怎样做才能"满血复活"？今天我们如何成就有效课堂？也正是在这些倾心交流中，我认识了一位优秀的语文老师：善解人意的来自四川的凌老师，打开她的 QQ 空间，你仿佛感觉到她一生都在写教育教学故事，质朴的文字、感人的故事都能触及到人心灵中最柔软的地方，她的文字、她的教育情怀就像照片中四川瓦屋基山原上漫山遍野的小花，美丽而芬芳。

《教学勇气》中说，我们不管是在黑暗还是在充满阳光的日子里，我们都要教导自己认识自我。我在群里坦言自己在工作中遭遇的不公和身边的不合理现象，凌老师真诚地告诉我："我也是经历过很多才走到今天的，和你类似的经历也有过。蜕变自己，就能遇见更好的自己！"是呀，即使周遭太黑暗，燃灯者不会迷路！正如站在金字塔顶的只有蜗牛和雄鹰，就算我们是蜗牛，也要秉持自己的勇气，坚守自己的梦想。三人行，人人行！我虽已进入而立之年，可在"三人行"，我依然可以做一朵含苞的小花，一株刚破土的小草，尽情地吸收阳光雨露，渴望着最美丽的花期，期待成长为一棵参天大树！

读《心平气和的一年级》有感

吴丽琪

　　"明天一上班，你就提醒我：不要着急，不要生气。要微笑，要温和。"读到这一句的时候会心一笑，这不也是自己每天对自己的提醒吗？这个学期要教一年级，虽然我是一个有经验的老师了，可是我没教过一年级啊！《心平气和的一年级》，我被这个书名吸引了，拿过书读一遍，我被那些朴实无华的故事感动了。首先，感动于薛老师的教育自觉。"定能生慧，静纳百川。培养孩子的静气是父母和教师的共同责任。"这是薛老师书封面上的话。薛老师希望通过教师的静，培养学生的静气。一年级的老师常常会面对这样的场景：走进教室的时候，就像走进了一个菜市场，吵嚷嚷，闹哄哄，如果这时候，再有一两个学生过来告状，情绪分分钟被点燃。薛老师的做法是"尽量放低声音说话，尽量态度温和。"为了达到静的效果，她有时候尽量少说话。另外，她还发挥音乐的力量，每天让一年级的孩子坐在凳子上趴在桌子上欣赏音乐，慢慢地很闹的孩子也能坐得住，静下来。在办公室当有老师问"你们班有没有特别烦人的孩子"的时候，薛老师的回应是：不说，老师无论如何也不可以说学生的坏话。不但如此，还要做到不说家长的坏话。这是作为一个老师的自觉，教育者的自觉。

其次，感动于薛老师真诚地与家长沟通。一年级的孩子刚走进校门，他们的家长很多也是首次作为小学生的家长，他们也有不解，也有困惑。薛老师与家长的沟通比较特别，那就是给家长写信。每周写一封信，一学期 21 周，写了 21 封信。信中有对学生知识点的强调，有让家长在家辅导时突出的重点，有对学生学习习惯的指导，有近期班级及学校工作布置。这些信是老师对家庭教育作用的延伸，是老师与家长沟通艺术的证明。其中大量对学生优秀表现的肯定如考试优秀、作业漂亮等，无疑也是对家长的一种鞭策。所以 21 封信，涉及学校班级工作的方方面面，远比口头说教要管用得多。21 封信也让家长看到老师愿意和家长沟通，愿意为孩子付出的赤诚之心。这样的老师，家长有什么理由不信任，有什么理由不支持？

最后，感动于薛老师的读书精神。"对于我而言，读书是一种内在的需要，也是保持一种上升的有活力的状态。"她会因为整整五天没有读书而心里感到空落落的，也会因为赶在上班前读了十几条《幽梦影集》而感觉好了不少。她已经将读书当作生命中的一个必不可少的部分，以至于一日不读书就好像缺了什么，会觉得心里空荡荡，生出浮躁之气。阅读，使她的思想趋于成熟，这也是薛老师成功的要素之一，而成熟，又促使她用自己的思想来认识教育。她认为作为教育者，要想让孩子爱学习，必须自己先做读书人，家长如此，教师更要如此。语文原可以无师自通，语文学习的根本在于多读书，读好书。因为袖长方能善舞，当教师自己就不爱读书或者根本就不读书时，再多再好的教学方法也只能是"茶壶里面斗波涛，空玩花样"而已。因为有了广博睿智的人文视野，所以读教育著作时她才能读出与别人不一样的感受与价值，对大师理论的潜心揣摩和领悟，给了她"心平气和"的底气。教育是慢的艺术，十年树木，百年树人，每一位教育工作者在育人的过程中都需要这种心平气和，唯有心平气和，才可以做到静待化开。

借助"惩罚"有效管理班级

陈洁纯

关于惩罚教育在班级管理层面的应用，我主要探讨马卡连柯的看法，原因有以下三点：第一，马卡连柯是集体教育的集大成者，班级是集体的一种呈现形式，班级管理自然下属于集体教育；第二，马卡连柯于小学任教 15 年，后升至校长进行教育管理，有多年的教学实践经历，并在 1920 年从事流浪儿童和少年违法者的教育改造工作，提出通过集体和生产劳动的形式来教育儿童的原则和方法，将三千多名流浪儿童和不良少年改造成对社会有所帮助的上进青年。马卡连柯充分接触不同的问题学生，遇到过多种多样的管理问题，他有丰富的教育实践经验，他的教育理论也是经过实践验证的，具有较强的可行性。最后，马卡连柯是惩罚大师，他对于惩罚有系统而且全面的研究，包括惩罚的原则，惩罚学生的条件、手段方法和目的。不仅如此，马卡连柯还结合了集体教育的观点和自身惩罚的案例进行阐述。马卡连柯曾多次指出，一切良好的教育，必须从组成集体开始，要按照"通过集体""在集体中"和"为了集体"的原则进行。"通过集体"指把集体作为教育对象，在教育集体的同时通过集体去教育个人；"在集体中"指在教育个人时也应想到对整个集体的教育，通过对个人的教育影响集体；"为了集体"则是强调培养学生热爱集体和热爱集体生活的思想，使学生的一切活动都是为了集体的利益着想，培养学生的责任心和义务感；平行教育影响原则是最能够体现这一原则的。"平行教育影响原则"的俄文翻译过来也可作"同时作用原则"或"平行作用原则"。马卡连柯是这样表述的：我们认为集体就是我们教育的对象，我们应该把有组织的教育影响针对集体，集体是个人的教师，当我们给个人一种影响的时候，这影响必定同时是给集体的一种影响；相反，每当我们涉及集体的时候，同时也应当是对于组成集体的个人的教育。它的实质包含这样几组平行关系：第一，教育者对集体和个人的施教是平行的；第二，集体中每个个体受到的影响是平行的；第三，集体教育个人与个人对集体的反哺也是平行的。从实践层面上解释也就是教师首先对集体进行教育影响，再通过集体对个人产生教育影响。个人在集体中意识到自身的不足，得到改进的帮助和成长进步的空间，而每个人的进步又共同推动了集体的发展，个人与集体处于一种良性关系。

　　"平行教育影响"不会使学生总感觉自己是被教育的

对象，而导致厌恶之感；使学生体验到自己才是教育的主体，从而提高了他们的自尊心和自信心。这实现了集体教育手段与目的的统一，主体与客体的统一以及个性与共性的统一。

马卡连柯认为惩罚的出发点是集体，所以经全体成员讨论并得出统一的决定以后才能进行惩罚。"惩罚内容本身并不重要，重要的是惩罚事实本身以及表现在这一事实上的集体的谴责。"因此，惩罚是由集体做出的决定而非教师，自然避免了学生因为接受惩罚与教师产生隔阂，避免了教师与学生的对立，更加有利于教师在惩罚之后配合以其他的教育手段。其次，集体的力量在每一个孩子心中都是无比强大的，由集体做出惩罚的决定，受惩罚者会受到很大的触动，更好地认识自己的错误，从而强化了惩罚的教育作用。

通过"惩罚"有效管理班级，首先要做到的是不翻旧账。在实际的教育工作中，我们时常能够见到这样的场景：一天，一位老师正在批评学生所犯的过错，说着说着，就说起前几天这个孩子所犯的另一个错误，如果是不同类型的错误还好，如果是差不多的错误，老师就会说："你看看，你怎么不长记性，没过几天又犯错了……"这样的批评，容易引起学生的反感。马卡连柯正是针对这种错误的现象提出了"不翻旧账"的原则。教师惩罚学生过后就应当以实事求是的态度对待学生，不去统计学生受惩罚的次数，也不要无故提起学生曾经犯过的错误。

其次，是惩罚的区别化：班级里同班交往必定有小团体的产生，班级里面经常会看到这里一堆人，那里一堆人，他们很容易一起做一件事情，即使这件事情其中部分人知道是不对的，但是他们容易盲目跟风，不想被伙伴丢下。如果对于这样一群犯了错的孩子都施以相同的惩罚，马卡连柯认为这样非但不能瓦解"小团体"，反而会使团体里的学生团结起来，不利于以后的教育。那么他对于这种情况的处理就是区别对待："对于集体犯过错者最好采取这样的方法：处分过失最大的一个人，剩余的人都免于处分。"这样做就能将小团体消灭在萌芽状态，不会造成教师和学生群体的对抗。区别对待这一原则对教师有较高要求，就是要留心班级里面的小团体，清楚团体里面的主导力量。

"在集体中通过集体为了集体教育"是马卡连柯集体主义教育的核心思想，也是平行教育原则的本质。在个人犯错时可以惩罚集体，再通过集体的舆论力量让学生意识到自己的错误，增强学生的集体意识。通过集体的力量逐渐管理好班里每一个人，进而有效管理班级。

教态——写在脸上的师德

孟令静

　　教态是教师的名片，是写在脸上的师德。在教育教学过程中，孩子们是通过教师的教态了解教师的。教态是教师面对学生的最直接表现，是学生得到的最直观认识。教态是构成教学艺术的重要组成部分，强调教态的重要性，就是强调教师在教育教学中的感染力。没有感染力的教育是不成功的教育。

　　仪表——即教师如何设计自己的外部形象，也就是教师应如何着装与化妆。服饰与仪容体现的是一种文化，反映的是个人修养。教师的职业特点，要求教师仪表要得体、有品位。要着正装、化淡妆。教师的服装、服饰不能太随意、太前卫；女教师不宜佩带过多的饰物，即不能不修边幅，也不能浓妆艳抹。看似穿衣戴帽的"小节"，但因"学校无小事""教师无小节"，也就必须"小题大做"了。

　　情感——教态的核心。在课堂上教师的表现能否感染学生，取决于教师对情感的把握。作为教师，每当你走进课堂，给孩子们的第一印象，应该永远是"精神饱满""有精气神"。固然教师也有喜怒哀乐，也会有情绪低沉的时候，但只要站在孩子们面前，只要在孩子们中间，就应该"来情绪"，这就是教师的职业道德，是为师者的"基本觉悟"。

讲情感，就是讲真情实感。讲情感不是做作，不是表演，而是教学内容、教学环节的需要，是教师真实情感的流露，更是孩子们的需要。孩子们的学习兴趣是需要教师去引导、去调动的。教师要能够把握学生情绪，能够适时"煽情"。平淡无味的教学方式，孩子们是不会感兴趣的。一旦他们感到乏味，就会失去学习兴趣，兴趣没有了，还怎么能学得进去。教师要调动学生的情绪，必须首先调动自己的情绪。没有激情的老师，算不上是一个好老师。

语言——师生间交流的桥梁。教师的情感基本是通过语言表达的。语言表达能力是教师的基本功。作为基本功，它首先要求语言流畅、无语病。作为教师，语言不仅要流畅、无语病，更要有吸引力。功底深的教师，课堂上常常会"妙语惊人"，令学生"兴奋不已"，这就是语言的魅力。

当前，每位为师者无不渴望提高自己的教学能力。但教学能力的提高是需要过程的。它是一个积淀的过程，一个从量变到质变的过程。基本功讲究的是扎实，是一步一个脚印。各行各业的成功者无不是基本功"出类拔萃"者。

教学是讲究科学的，必须用科学的态度，按客观规律办事，来不得半点儿虚伪与取巧。脚踏实地的态度就是科学的态度，功到自然成。

教态是一种精神，教态是一种品质，教态也是一种追求。

生命在于运动　德育在于活动

黄青春

七月的成都，依然是一片火热。深厚的巴蜀文化土壤及优越的天府之国环境，孕育出无数文人墨客，其中也不乏优秀教师。瞧！全国模范教师、成都市一专多能十佳青年教师叶德元，给我们一行求教之人讲起了他的"幸福"故事：开展特色活动增强班级凝聚力。

叶老师以常规活动为阵地，本着"爱要大声说出来、抓住一切德育契机、关注是因为了解、为自己和学生写一部历史"这四位一体的班级德育理念用大量鲜活的班级活动案例向我们诠释了什么是最好的德育教育。其活动内容丰富多彩，活动形式精彩纷呈，有中国传统节日，如春节系列活动：原创春联大赛、原创拜年短信评比、大拜年视频大比拼、叶老师QQ发红包、开心看春晚、给长辈拜年、准备年夜饭、放孔明灯、贴春联、剪窗花比赛、勤劳扫尘日、走进长辈、感受幸福的系列调查报告、制作春节小报……有参与学校的大型活动，如校园艺术节、育才好声音、运动会、育才达人秀、科技活动月、地球关灯一小时、军训、合唱比赛、科学家进校园、学校集体舞大赛……最吸引眼球的就是班级的创意活动，从最初精心制作班徽、合作设计校服、拟定独一无二的"我们不蒸馒头要争气"的班训，到特别节日教师节的"我给老师画张相"、父亲节母亲节"假如回到童年"的亲子竞猜活动，六一节的退队仪式、愚人节活动等，还有创意毕业证制作、特殊的毕业典礼、班级博客经营、爱心捐助、班级年代秀、班级魅力老师评比、妇女节给妈妈写一封信、社会资源进教室……甚至每一个节假日也预约满满，如疯狂周末系列活动：艺术欣赏、烧烤联盟、谁是战警、周末骑游、义卖、我是文明劝导员、道歉日、世界问候日、班干部碰头会、周末体育竞赛、合作美食节……

一年下来，孩子们天天有活动、时时有收获，老师和孩子们乐在其中。叶老师在全国模范教师颁奖仪式上由衷地感叹道："模范"二字太大了，我承受不了，但是我最起码可以做孩子们的模范和榜样！对我自己而言，我对自己最满意的是"创意"与"坚持。"坚持做，把小事做大，做到极致，并且一定要赋予自己新的想法。我希望我的孩子们能够感受到这一点！其实你们和家长的信任也是对我最好的鞭策，我知道有太多的人在关注，这背后不仅是一个孩子，两个家长，其实是几十个家庭，我坚信我可以做到！

"生命在于运动，德育在于活动。"叶老师用自己的倾心付出换来了学生和教师自身更幸福的成长，带领他的学生从生活中开展活动，从经验中探寻活动，给学生提供保证生长与生活的充足条件，最终迎来了德育的春天。验证了教育即生活，教育即生长的伟大真理。这幸福源自一个人崇高的教育情怀，更来自于不甘于平庸、可贵的坚持、敏锐的洞察力、智慧的思考……而这一切实现的前提就是不断地学习和思考，因为"缔造完美教室，创造生命传奇，绝对离不开教师的深厚学养。"

在听叶老师津津乐道之时，我也有很多亲切感。从教二十多年来，我的班级德育教育也是以活动开展为主，以奖励为辅，为打造积极阳光、健康向上、独立自主的班集体，让活动开展与激励措施双翼齐飞，我们师生共挑战，共成长。一个优秀的品牌班级，应该拥有自己的独特命名、象征标志，或者说一套属于自己的形象符号系统。这一套形象符号系统的产生，应该作为班级的特别重大事件来对待。因为它是团队精神的具体承载与体现，是班级成员的自我镜像。所以，每接手一个新班后，我就郑重其事地与学生一起拟班名，设计班徽、班旗、班印，创作班歌、班诗，约定班级的使命、愿景和价值观等。尤其在激励这一块，我一般分为常规奖励、特长奖励、特色奖励。

常规奖励包括班级纪律、卫生、学习等，以夺红旗的形式进行，展示于教室宣传栏。特长奖励包括音体美等科目优秀者、每月轮值班干部出色者等，以给家长发表扬信的形式落实，学期前与家长约定，凡拿回表扬信的同学，均可向家长申请实现自己本月的一个小小愿望。特色奖励主要包括走出班级、走出学校的大型活动或班级各种类型小组合作优秀者或优秀团队，奖励美食、外出集体考察、看电影、亲子郊游等，以上三方面在学期结束进行综合考评，评选"班级达人"或"学校达人"。所有奖励我都很注重仪式感，如催人奋进的强节奏音乐、声情并茂的颁奖词、热烈的掌声、干净整洁的教室、甚至芳香扑鼻的鲜花……让孩子在受到奖励的那一刻陶醉其中。为增强这种仪式感，我一开学还会专门培训或彩排获奖同学应有的走姿、站姿、致谢动作、表情……可爱的孩子们和充满童趣的老师在一起其乐无穷。

为了每一个生命的灿烂绽放，让我们守住教室，与学生一起成长，以纯真的天性，书写灵魂里最纯净的教育诗行，学做一辈子的班主任！

王阳明蒙学教育思想的现代意义

张建婷

王阳明，幼名云，后更名守仁，字伯安。因曾在绍兴阳明洞中修行，得别号阳明子，又称阳明先生。浙江余姚人，是明代著名的政治家、哲学家、军事家和教育家。王阳明一生心系教育，为明代教育做出突出贡献。长期的教学实践让王阳明积累了丰富的经验，特别是在蒙学教育领域，提出了许多符合儿童身心发展规律的主张。这些主张，对当今的儿童教育仍具有重要的启示意义。

一、德育为先，强调德育的重要性

在经济发展迅速的今天，各种诱惑随之增多，极端个人主义、拜金主义、享乐主义不断滋长，是非、善恶、美丑的边界渐渐被模糊化。这种社会现状对学生群体造成了一定的不良影响，学生间出现重自我，轻他人；重享受，轻劳动等现象。当今社会，"重视德育"的呼声越来越高。针对社会发展的迫切需求，我们可以从历史中汲取养分。

王阳明的蒙学思想中的道德教育经验便对解决当前我国儿童德育工作中存在的问题有着较好的借鉴作用。王阳明继承和发扬了儒家对道德教育的重视，以"明人伦"作为蒙学教育目的，把道德教育放在首位。

我们应本着古为今用的原则，吸取其中精华，借鉴有用经验，将儿童道德教育放在首位，重视儿童的道德实践，提高德育的工作水平，不让德育课堂流于形式。

二、尊重主体，培养学生独立思考能力

王阳明认为人人都有独立思考，发表见解的能力。他指出学习最重要的是坚持自己的本心，遵从内心的想法，独立去探索学习，相信自己。哪怕是孔子的观点，与你探索的结果不同，你也不必相信。这种想法在封建社会是极其大胆的，也可看出王阳明对真理的追求，颇有点"吾爱吾师，但吾更爱真理"的味道。王阳明蒙学教育理论中传递出来的一个重要信息就是：你要相信你自己，坚持独立思考，相信自己亲自实践得来的判断，不要盲从，也不要固执。王阳明强调尊重儿童的独立性，尊重他们的独立见解，反对绝对服从权威。

在当今的许多课堂，仍存在教师不顾学生主体地位，牵着学生的鼻子走的现象。这样看似会让学生少走弯路，走得更快，但从长远来看，会使学生丧失独立思考能力，限制思维的发散，不利于学生个性化多元化发展。有效的

教育应该是重视学生主体地位，在老师掌握大方向的前提下，给学生自由探索的空间，激发他们的主人翁意识，尊重他们的思考，保护他们的创造性。

三、因材施教，讲求寓教于乐

万事万物都有自己的运行规律，如果我们顺应这种规律，利用好它，才能让事物得到新的发展。当今的教育体系中，用来衡量儿童能力的标准比较单一，多是直接通过文化课的成绩来判断一个孩子的能力，这在无形中背离了事物发展的规律，也违背了道德教育的初衷。王阳明认识到传统教育中只注重知识的传播，而忽视了道德素养的提高和实践能力的培养。针对传统教育的弊端，王阳明认为如果能按照儿童的特点，顺其性情，就能促进其发展；否则，便会阻碍儿童的健康成长。因此，要使儿童趋向鼓舞，就要采用适合儿童特点的教学形式、教学内容和教学方法，使其乐学。例如在"歌诗"和"习礼"课上，各班级的汇报和竞争，王阳明的观点不是指对教学结果的竞争，而是指课堂教学过程中开展比赛竞争，在课堂上创设教学情景，让学生之间开展比赛式学习。这种以比赛的方式进行的学习，既可以激发儿童的学习兴趣，又能够培养他们的竞争意识，利于班级之间取长补短，共同进步。这种方式，首先是让儿童乐学，将他们的学习积极性激发出来，让他们真正理解学习内容，从而达到预期的学习效果。

一般来说，儿童都喜爱音乐、诗歌和舞蹈等趣味性较强的活动。在教学过程中适当加入儿童唱歌、跳舞等趣味环节，有利于提高他们的学习兴趣。在欢乐的气氛和愉快的情境中上课，更有利于调动学生学习的积极性，教学效果将得到提高。

当代教师可在王阳明的蒙学理论中吸取养分，根据教学目的，选择儿童喜爱并易于接受的内容，充分调动儿童的感官，将知识性与趣味性相结合，有针对性地开展教学活动。这样可以减少儿童的畏难情绪，激发学习兴趣，增强学生学习的原动力。

王阳明在我国明代教育史上占据着重要的地位。由于时代局限性，他的蒙学教育思想有不完善的地方，不可避免的带上了时代的烙印，但他强调德育的重要性，尊重学生主体地位，培养学生独立思考能力，注重因材施教和寓教于乐等教育理念，在当代仍闪烁着智慧的光芒。

没有爱就没有教育

黄晓华

　　班主任是班级工作的领导者，班风建设取决于班主任工作的进行。

　　当每一位小朋友走进一（6）班，他们充满好奇，兴奋之余带有一丝紧张与陌生。这时的他们像一个个分散的孤立点，作为班主任的我是中心点，关注着每一位同学，而我要做的便是让每一位小朋友融入班级，找到各自在班级的定位，懂得与其他同学交流，相互认识，相互学习，从而让点与点之间建立联系，我的目标便是让班级里的50个点成为团结一致的完全图。

　　有一句教育名言：没有爱就没有教育。是的，带着一颗充满爱的心走进班级，是建设一个有爱的班级的前提。但爱只是必要条件，却不是充分条件，正如《爱心与教育》作者李镇西所说，教育还需要智慧，如何让班里的每一个学生把自己当成班级的小主人，这也关乎培养每一个孩子的责任意识，关乎班风班貌的建设以及孩子行为习惯的养成。比如，我们班有一个学生，路队、出操不遵守纪律，我在班里强调路队及出操会有老师评分，会进行班级评比，但是这位学生一点都没有在意，一直到某个星期五，午读之前我让他捡了他位置旁边的垃圾，星期一班级被授予优秀中队的红旗也由他上台领取，在班会课上表扬他，告诉他如果他没有捡起垃圾，值周老师检查就会扣班级的份，没有了这一分班级的分数就会少，那就评不上优秀中队的荣誉称号。在获得代表班级上台领奖的荣誉感后，他明白了他很重要，他的一份力很重要。他能为班级争取荣誉，能为自己赢得其他人的认同和表扬，学生找到了自己在班里的定位，那么班里的事情他就会上心。这也启发我，对于刚上小学的孩子来讲，他们的集体意识不强，如何让每一个孩子尽快在班里找到自己的定位，从而提高他们的集体意识，这对塑造一个优秀的班集体尤为重要。我们要给每一个孩子分配任务，给每个孩子一个"头衔"，让他们感受到班级需要他们，荣誉红旗需要他们去争取。哪怕是管理班里的空调遥控器，都会极大地提高孩子们在班里的存在感以及责任意识，而且小孩子爱听表扬的话，班级门口张贴的班级评比的五角星便是最好的刺激，跟其他班级门口张贴的一比较便会发现自己班与其他班的区别，他们都会问为什么其他班比我们多好多星星，那么，这时候正好趁机给孩子们强调行为习惯，强调班级建设，让他们知道自己在班里很重要，而这一点也必须在课堂上慢慢培养。

如进行小组与小组之间的评比，只要表现得好，每一位同学都可以为自己所在的小组得分，得分最高的小组全组同学都会受到表扬。老师的表扬无疑是学生良好表现的催化剂，一句赞美的话语，一个肯定的眼神，一份小小的奖励等等都会在孩子心中激起一层小波浪，给他们继续坚持下去的动力，也会给我们带来意想不到的收获。

以上仅是个人对班主任工作的一点感想，对于繁杂的班主任工作，我会争取多向有经验的班主任老师请教，多想多做多反思，力求塑造一个积极向上的优秀班级。

做一个有温度的教师

汤思佳

转眼间，开学已经两个月了。在这两个月的时间里，我充分体会了初为人师且担任一年级班主任的酸甜苦辣与喜怒哀乐。从开学的手足无措到现在能比较轻松的处理班级事务，这一路我感触颇深。我想让我印象最深的，是他。他叫小宇，开学的第一天他就因为一天之内打了两次架让我清楚地记住了他的名字。从那之后他也时不时地惹点小麻烦，弄哭小女生。作为新手班主任的我，将这定义为很常态的事情，我认为这个年龄段的孩子调皮很是正常，并没有过多地去和他沟通也没有去和家长了解孩子的情况，每次犯了错误都是照例询问情况进行常规批评教育。直到那天中午，我才明白班主任要做的事情远远不止是这些。

那天中午的午餐，我和往常一样让孩子们洗好手排着队上来拿饭。轮到第二组上来的时候，小宇自己坐在座位上没有上来，这已经不是第一次了，每到吃饭时间只要不是他爱吃的菜，他总是要闹一会。见他没有上来，我便像往常一样走下去询问，他的答案也显而易见，他说他不想吃。这要是往常，我劝了几次他还不愿意吃我也就不再强迫了，可这次他前两天已经因为胃不舒服请了两天的假了，这才刚有好转又开始闹不吃饭，为了防止他再次生病，我在旁边继续劝他让他多少吃一点。他依旧甩着脸说他不想吃。我再次提醒他，如果你不吃饭那我就要按照规定和你爸爸妈妈反应你的情况了。小宇听到这句话瞬间就像变了个人，整个人立刻扑上来抢我的手机。一瞬间我的怒火就像被扭开的煤气灶，被他的这个举动"蹭"的一声点燃了。我双手抱胸。一个瞪眼扫过去，大声呵斥道："你给我站回去，你看看你自己现在像什么样子！"这时全班同学的目光都聚集了过来，教室里发来了不少唏嘘的声音，孩子们纷纷议论说小宇完蛋了。小宇的下一个举动更是让我火冒三丈，他将他手上的铁筷子直接从第二组丢到了第四组，这一极度危险的行为让我彻底恼怒了。我拿起手机就准备拨打家长的电话，这时小宇第二次冲上来抢我的手机，把我整个人扑倒在桌子上。腰上传来的疼痛，加上没有被尊重的愤怒，我的眼泪就像关不上的水龙头一直往外流。

　　也许是看到了我的眼泪，他默默地站回了座位。我走出教室平复了情绪，联系了家长反映了情况，家长知道了后立马赶来学校，把孩子带出教室外进行教育，我远远地看着他，他低下头弓着腰，像一只被打败的小公鸡。这时的我心里有一股说不出来的滋味。接下来的午休和往常一样平静，就好像什么事情都没有发生一样。午休结束，我走到他旁边问他："你愿意和老师聊一聊吗"他点了点头和我一起回了办公室。回到办公室还没等我说话，小宇说道："老师对不起，我真的不是故意的，可是我有点控制不住我的情绪，而且我还是有点不舒服才不想吃饭。"我继续问他为什么要抢老师的手机，他小声地说道："我怕你告诉爸爸妈妈，爸爸妈妈总是不帮我，不是我的错他们也觉得是我的错。"我再问道他为什么丢筷子，他说老师身后的同学都在对他做鬼脸，他觉得他们都在嘲笑他。我心头一震确实觉得自己在处理这件事情太过极端了，一个七岁的孩子在我面前的一番话，让我深刻意识到了我自己的错误，是的我没有做好，我没有了解事情的起因经过，我的班主任工作仅仅只做到了言语教育，没有做到情感教育。尽管是这样，小宇的行为也是不对的，和他进行谈话之后我就让他回了班级。事后我也立刻拨通了家长的电话，和家长进行了沟通。在这一次事件中，我深刻体会到对孩子们的教育，不只是言语教育更需要的是情感教育，回头细想我的做法固然也是没有太大的问题，但那却是为了维护我身为教师的尊严和愤怒于学生的简单的言语教育，没有了解前因后果，没有情感的唤醒，仅仅只是简单粗暴的批评。经过这一次教训，孩子的话语始终敲击的我的心，我开始思考，班主任应该是一个有温度的职业，而不仅仅只是简单的班级管理，更多的要以情感教育为主，我们必须以尊重学生，爱护学生为出发点。采用一些适当的方式，引导学生自己意识到自身问题，既要避免"雷声大，雨点小"，也要避免"小题大做"。在学生问题上，应该因材施教，根据学生不同的个性采取不同的教育方式，最终达到教育的双赢。

　　成为班主任后，我才真正认识到身为一名教师工作的艰巨。它绝不只是简单地班级管理，言语教育，也绝对不像微格试教那样理想化，也更不像书本上那样云淡风轻。教育，是用一颗心去打动另一颗心，是一星火苗点燃整个班的篝火。这一件事情，将会永远悬在我的心上，劝诫我，鞭策我，警告我，让我铭记做教师、做班主任不仅仅只是一份简单的职业，而是一份需要投入真情实感的，有温度的职业。

读《正面管教》有感

莫燕芳

当我第一眼看到这本书的封面时，映入眼帘的是一句话"如何不惩罚、不骄纵地有效管教孩子"，正是这句话，吸引我拿起这本书仔细品读。在我记忆中的一年级，孩子们都会整整齐齐地坐好，规规矩矩地听老师的话。在差不多十三年后，当我第一次作为一个实习老师踏入一年级的教室，发现孩子们的行为已不再像我在当年"过去的好时光"中那样了。在不断的"吐槽声"中，我们老师可能会倍感沮丧，我也不禁思考，过去所谓的"顺从"是不是就真的那么好，过去在我们自己身上所接受的教育和管理方式是不是对现在的孩子依然有效。于是我开始在这本书上寻求一些答案。

这本书指出，孩子只有在一种和善而坚定的气氛中，才能培养出自律、责任感、合作以及自己解决问题的能力，才能学会使他们受益终生的社会技能和人生技能，才能取得良好的学业成绩……"和善而坚定"这几个字深深地触动了我。如何达到这样的效果，这本书结合一些案例提供了许多"正面管教"的方法。书中提到两个概念，赢得和赢了。所谓赢了孩子是指大人用控制、惩罚的手段战胜了孩子；而赢得孩子则是指大人维护孩子的尊严，以尊重孩子的态度对待孩子，相信孩子有能力与大人合作并贡献他们的一份力量。我们往往追求"赢了"孩子而忽略了"赢得"孩子的重要性。

在我们的教育教学中，我们经常发现，同样的一个道理，不管我们说了多少次，孩子们都听不进去。到底怎么样才能"赢得"孩子？首先，这个道理必须是以孩子们能够接受的方式来道出。当我发现班级里有孩子在和其他人起冲突时，会变得生气暴躁，继而出手打人，但在反复和他强调后果后，情况依旧没有改善。于是，我决定改变教育方式。我给全班讲了一个关于情绪管理的绘本——当我生气的时候。为了"赢得孩子们的合作"，我采取了四个步骤。第一步，表达出对孩子感受的理解。我以一种和善的语气说道："我敢肯定，遇到和他一样的情况，我们都会觉得生气，甚至因为生气做出一些我们本不想做的事。"当孩子们有些狐疑地看着我的时候，我采取了第二步，表达出同情，而不是宽恕，并且告诉孩子们自己也有类似经历，莫老师也曾经因为生气而做出不好的事情。这时孩子们都很感兴趣地听起了我的故事。第三步，当我告诉他们我的故事和感受，他们此时更加愿意听我说了。

最后一步，让孩子们关注于问题的解决。"为了避免这样的事情再发生，你们能不能想一些办法？"这时孩子们纷纷举手发言告诉我自己生气的时候会怎么做。这时我的目光投向了那位我最想听他发言的同学，他终于举手说道："老师，我知道你是在跟我说。"这个时候，我觉得这个方法在某种程度上已经达到了我想要的效果。当他开始产生共鸣后，更能接受我想传达给他的道理。比起指责、羞辱或说教，他不必因为自己所做的事情就觉得自己是个坏孩子，而且愿意参与探讨解决的方法。

尽管他以后还会再犯类似的错误，当我再次提起这个故事时，他至少能够比之前更快地冷静下来。而我也开始反思自己，当学生令我感到生气的时候，我又该怎么做，从自身出发管理好自己的情绪，真正做到言传身教。不惩罚并不意味着允许孩子为所欲为，惩罚作为教育的一种手段，必须掌握好一定的尺度和标准。真正的核心是理性与尊重，给孩子机会去体验自己必须承担的责任。作为一名年轻教师，教育路上的"初探者"，一些从书上汲取的方法还需要我们在实践中改进完善，我会努力尝试从正面管教孩子，给孩子们的生活传递更多的正能量！

新时代的引路人

李柱

当老师的第一年，就成为了一名班主任，还是一年级的班主任，说实话，压力山大的同时，还带点紧张、不安、与焦虑。但既然走上工作岗位，既然选择了，就要克服一切，迎难而上。而作为班主任，尤其是一年级的班主任，需要班级管理的经验与技巧，用流行的话说就是你已经是一名成熟的班主任了，要学会管理好班级。言归正传，经过一段时间的适应学习与不断探索，我总结出一些班级管理的经验与各位教育人士分享。

一、建立良好的班级氛围

良好的班级氛围是一个优秀班集体的基础，而良好的班级氛围不是单靠老师、学生、家长中的某一方能完成的，唯有合力才能促成。对老师而言，需要做的是与学生共同制定班级规定，共同商量，尊重孩子们的意见。具体到实际中，我会与孩子们达成共识，大家想让我们的班级成为一个怎样的班级，是同学之间团结友爱，还是班里大家各顾各的，你不理我我也不理你的。选择前者，那么就要做到：不孤立不欺负身边的每一位同学；同学之间有困难要互相帮助；不用手或脚去打身边的同学。这些班级共同立下的规则，孩子们都会积极地遵守，尤其是在刚开学那会时常出现的同学之间动手、学生有问题只会找老师的情况大大减少。学生与学生之间呈现团结友爱的氛围。

二、家校合力，共促教育大计

教育不单是学校、老师的事，也不是只靠家庭就能完成的事，家校的共同作用是实现教育目的的基础，相信每一位老师都知道，也都在这一方面着手，我也有自己一点见解。对于家校合力这件事，我认为应该是各个方面的，学生在学校接受德智体美劳的全面教育，在家也应如此，只是方法不同，但目标应一致。举例来说：学生在学校接受德育，在学校一副尊师向学的样子，在家却是小皇帝，饭来张口，衣来伸手，那试问这样的教育有何意义？因此对于我班里的孩子，我对他们的要求是延伸到家的，见人要问好；得到别人的帮助一定要说谢谢；在学校尊敬老师，爱护同学，在家也要听父母的话；在学校家长来帮忙值日，要在旁边跟着学，在家也要做力所能及的家务事；这些要求我也会和班里每一位孩子的家长说明，让他们在家庭教育中也自始至终与学校一致，形成合力。

三、每一位孩子都是小助手

相信每一位班主任都会安排班干部，也相信每一位老师都提倡人人有事干，事事有人干。但班干部的选择也是一门学问，尤其是对于某一些特别调皮的孩子而言，班干部是奖惩措施的一种有效手段，在孩子们的心里，都有着一个想管别人的心。因此，我会安排适当的职位给一些平时表现不够好的孩子，让他们有机会展示自我，同时，也激发他们自我约束的能力。表现不好就撤销他的职位，警醒他改正自己的缺点。同时班里的每一件事都有孩子负责，既能减轻班主任的负担，也能锻炼孩子们的自我管理能力。

四、教师的以身作则，言传身教

在班级管理中，教师也需要以身作则，尤其是对学生的正面影响，例如在放学后与学生共同值日，一起打扫卫生；课间与孩子们一起看书；午餐时的示范等，教师对孩子的影响是巨大的，而无言的身教往往比言传更有意义也更有效果。言传身教不能单是一句口号，行动的力量不可忽视。

以上是我对班级管理的一些见解，作为一名新老师，我在很多方面做得还不够完美，教育是一个教与学同步进行的过程，在教育孩子的同时，我也在不断地学习，不断汲取更优秀的经验与做法，摸索着适合孩子的，适合现代教育的教学方式。相信通过不断的努力，我能对孩子的成长起到更好地引导作用，成为新时代的引路人。

爱，让教育更精彩

欧四平

伟大的教育家陶行知先生说："爱是一种伟大的力量，没有爱便没有教育。"教育艺术之树只有植根在爱的土壤里，才能结出丰硕的果实，教师必须以宽厚的师爱赢得学生的信赖，以深沉的师爱激起学生对学习、生活的热爱。只有把爱的情感投射到学生的心田，才会引起学生情感的共鸣，师生的心才会贴近、融洽，师生间才能产生心心相印的体验，教育才会有好的效果。那么，爱是什么呢？

爱是责任。我们培养的学生如果智育不好，是次品；如果德育不好，是危险品。我们爱学生，爱教育事业，就要出正品。

爱是理解。大文豪泰戈尔说过："爱是理解的别名。"爱植根于理解，并在理解过程中滋生，没有理解，就没有爱。我们要理解学生，就应当多与学生交流、沟通，了解学生的思想，多站在学生的立场来思考问题，学会"心理换位"，只有这样才能真正地做到理解学生。

爱是尊重。美国著名作家和教育家爱默生曾精辟地指出："教育成功的秘密在于尊重学生。"尊重学生，就应该给学生留出自由的空间和时间，来获得发展的主动权，发展学生自己的个性，让他们用自己的双手来描绘美好的未来。尊重学生，就要建立人格平等的师生关系。心理学理论告诉我们，人类除了最基本的生理和安全需要外，最重要的需求就是被尊重的需求，希望得到他人的尊重和认可。

讲台不是上尊下卑的分界线，学生是有他们自己的人格的，他们也渴望得到老师的理解和尊重，希望得到老师的肯定和赞许。老师要放下架子，走进他们的学习和生活，尊重他们的建议和意见，理解他们的思想，这样，就能拉近师生之间的距离，使学生明白、理解和接受老师的教育思想，让学生体会到老师对他们的关心和爱护。在以往的教育实践中，在传统的师道尊严的思维模式影响下，有意无意地把学生当作被驯化的对象，从而压制了他们的天性和潜能，伤害了他们的自尊，使富有神奇色彩的生命渐渐被压抑得黯然失色。在推行素质教育的今天，作为一名教师首先应该尊重学生的人格，即使学生犯了错误，对学生进行批评教育时，也应尊重学生的人格，谆谆教导，才能取得教育的效果。一味地训斥，只能使学生产生逆反心理，更不能用挖苦、讽刺的话语伤学生的心。自尊的需求是人的天性，尊重学生的自尊心不仅仅是给他一个所谓的面子，给予的更多是宽容和鼓励。任何一个人，只要受到尊重，便能发挥潜能，有可能做出惊人之举。苏联著名教育学家马卡连柯不也是运用充分信任与尊重的原理，使一个劣迹斑斑的流浪儿日后成了人民英雄吗?

爱是宽容。宽容，是一种博大无私的爱。有这样的一则故事：有位老禅师，一天晚上在禅院里散步时，发现墙角有一张椅子，心知一定是有人不守寺规，偷偷越墙出去游玩去了。老禅师搬开椅子，蹲在原处等候。过了一会儿，果然有一个小和尚翻墙而入，黑暗之中踩着老禅师的脊背跳进了院子，落地时才发觉刚才踏的不是椅子，而是自己的师傅。小和尚顿时惊慌失措。但出乎意料的是，老禅师并没有厉声责备他，只是用平静的语气说：夜深了，快去加件衣服。小和尚感到无比羞愧，回去后将此事告知其他师兄弟，此后再也没有人翻墙出去闲逛了。没有严厉的呵斥，却能使孩子幼小的心灵受到极大的震撼，这就是宽容的力量。由于未成年的学生正处在身心发展阶段，是非观念尚未成熟，对一些问题有不正确的看法或错误的做法，是难免的。孩子们犯了错误，他们迫切想得到的，是理解和帮助，而绝不是粗暴的批评和惩罚。班主任应该最大限度地去理解、宽容他们。当然，宽容不是一种无原则的纵容，不是漠视学生的缺点和过失，宽容是要求我们将心比心去包容、去理解、去引导他们，教育他们。

爱是鼓励。教学的艺术不在于过多的传授，而在于对学生的鼓励和唤醒。作为教师，绝不能吝啬鼓励，尤其在他们遇到困难、失败的时候，老师更应该鼓励、安慰他们，帮助他们分析事理、明辨是非、正确对待困难和失败。同时，要善于发现每个学生的长处，看到他们的闪光点，尤其是对后进生，当他们有了进步，哪怕是一点点进步，都要及时给予表扬和肯定，多给学生一点鼓励，学生将会活泼灿烂。华，是五年前我带三（2）班时新来的一个男孩，腼腆而秀气，成绩也很不错，但他从来不跟老师和同学打招呼，即使问到他，他也是吞吞吐吐，于是我对他产生了兴趣。我找了一个轻松的时间，准备好好地跟他聊一聊。我费尽口舌，终于让他说话了："老——老——老师，对——对——对不起……"看到他说话吃力的样子，我明白了，原来他讲话结巴，因为怕同学们笑话，所以不敢讲。后来我才知道，他的"口吃病"不是先天性的，而是在一年级的时候跟人家学着玩，没想到学会了就改不掉了。我下定决心，一定要想办法医治好他的"口吃病"。于是我给他开了一个药方：每天早上坚持朗读至少半小时的语文课文。刚开始，他没有一点信心，读起来也感到非常困难，几次想放弃，但我总是对他说："华，今天表现比昨天好多了，坚持就是胜利，你一定行的。"就这样，我不断地鼓励他，一天复一天，一月复一月，他咬着牙挺过来了，效果出奇的好。在毕业欢送会上，他走到我跟前，深深地一鞠躬："老师，谢谢你！是你的鼓励给了我重新说话的勇气，是你的鼓励让我战胜了前所未有的困难，我会永远记住你，谢谢！"他一口气说完这句话，很流利，也很动听，我为他感到高兴，他的付出总算没有白费。虽然这么多年过去了，我还时常接到他的电话和短信。每当我想起这件事情的时候，我就非常感慨：没想到我的一句"你一定行"竟然能给学生如此大的力量，竟能使学生忍受痛苦来战胜如此之大的困难，这也许就是鼓励的力量吧！

爱是信任。苏联卫国战争时期，在远离城市、人烟稀少的西伯利亚关押着一群被流放的罪犯。有一次，看守他们的人在迫不得已的情况下，决定派两名剽悍又有胆量的抢劫罪罪犯，携带一笔巨款到千里之外去完成一项紧急而又非常重要的任务。这两名犯人当时做梦也没想到，会把这么重要的任务托付给自己，并且还配给了马匹和枪支。他俩为了不辜负这超乎寻常的信任，冒着肆虐风雪的袭击和凶残猛兽的围追，在极其险恶的环境里足足挣扎了一个多月，其中一个因饥饿和寒冷而死去，另一个在完成了任务时已奄奄一息。可见，信任的力量是多么的强大！一个人只有被他人充分理解、信任之后，才能最大限度地发挥自己的内在的潜力，甚至创造奇迹。

心理学研究表明，任何学生都期望获得老师的关注和信任。学生是有情感、有思想的活生生的人，他们接受教育影响不是绝对的、无条件的，而是有选择的、有条件的。班主任只有尊重和信任学生，才能使师生关系更加融洽，赢得学生信赖，只有尊重和信任学生，才能唤起学生的自尊心、自信心，才能充分调动学生的主动性、积极性，激发学生不断进步。

教师的爱是博大的，是宽广的，更是没有尽头的。教师一个关爱的眼神，一个亲切的动作，能赢得学生的爱戴和信赖；一次无私的宽容，一句信任的鼓励，能激发学生内在的潜能，使他战胜一切困难，甚至创造奇迹。

小学班级管理的有效策略研究

刘青

摘要：小学教育阶段是学生发展学习能力和培养优良性格品质的关键时期。学生班级管理的好与坏直接决定着学生能否健康的成长和性格养成。在小学管理方面，教师首先要营造出和谐友爱的班级环境，其次是制定细致的学生行为规范并严格执行，通过奖罚分明的制度保证行为规范的执行力。教师的亲身示范和以身作则对学生具有很强烈的引导示范作用，比课堂教学和宣传资料的效果更加直接。

关键词：学生；班级管理；有效策略

一、引言

班级是学生进入小学后首次接触的小集体，班级里学生性格各异，兴趣爱好也大不相同。学生在班级里和教师一起共度的六年时光，是他们能否养成健康生活习惯、优良思想品德的关键时期。班级是学生们健康成长的重要环境，班级管理水平直接关系到班级正常教学活动的开展和班级气氛。一个好的班集体，学生互相之间团结友爱，积极向上，自然学习风气也很好；反之，管理混乱的班集体，各项教学和活动主次不分，学生们的各种不良习惯也得不到很好地纠正。如果教师管理班级的方法科学合理，班级工作必然会井然有序，生机勃勃，良好的班级环境也有助于学生的学习进步和健康成长。

二、营造和谐班级氛围

学生是小学各项教学和活动的主体，提高班级管理水平是为了产生更好的教学质量和更优质的教学环境，为学生们营造良好的成长环境。学生阶段是学生们学会与人相处和养成集体团队意识的关键时期，和谐的班级氛围有助于学生们培养积极向上和团结友爱的优良品质。因此，教师在班级管理中要注意营造良好的班级氛围，培养学生们对班集体的热爱之情和认同感，增强班集体的凝聚力。

在班级管理和日常教学中，教师要充分展现和蔼可亲的一面，让学生们感受到家庭一般的温暖。学生们犯错了，教师要耐心教诲，而不能责怪甚至是体罚，这样也有助于培养学生温文尔雅的性格。例如在班级活动时，组织全体学生一起玩耍，投放层次多样化的游戏材料，鼓励学生们互相交换玩具。设计的游戏内容尽可能吸纳多的学生参与进来，让学生们在一起玩耍的过程中加深感情。开学布置班级教室场景时，让学生们都参与进来，成为班集体的一分子，为了创设美好的班级场景而贡献自己的一番力量。在美化班级墙面时，需要用到彩画贴图，学生们集思广益，拿出了自己的最爱，既有他们自己画的画，也有各种喜爱的卡通图画，把整个教室墙壁点缀的五彩斑斓。学生们在自己亲手打造的班级环境里感觉到非常的亲切，整个班集体也是非常的团结和谐。

三、严于律己，树立榜样

榜样的力量是无穷的，教师自身的行为规范，每时每刻都深深影响着班级里的每一位学生。在班级管理中，教师规范的言行举止就是最好的榜样，学生在耳濡目染中渐渐也会严格遵守班级管理条例和规范。类似地，教师可以把在班级活动中表现优异的学生树立为班级榜样，根据他们的表现和特长分为"学习积极分子""爱劳动小帮手""才艺歌唱家"等。模范榜样的设立，为学生们树立了学习的目标和参考的对象，为他们提升在班级活动中的表现指明了方向。

比如在强调按时上课时，教师说多少次总还是有学生迟到，我问迟到的学生是什么原因？他们告诉我"老师也迟到过，迟到也没有惩罚"。于是在以后的班级活动中，我坚持提前五分钟到教室。经过一个多星期，班级上的迟到现象就完全消失了，我也深刻感受到"严于律己，树立榜样"的重要性了。教师带头做好某一件事，学生们无形中便会认可和赞同这件事，并产生动力去亲身实践。类似的例子在强调个人卫生和勤劳动手方面也是屡见不鲜，屡试不爽。

总结：班级是学生在校学习和生活的重要载体，良好的班级环境对于他们提高学习能力和养成优良的思想道德品质具有重要的意义。好的班级管理所打造出来的班级应该是整体气氛和谐友爱的大集体，学生们在班级里感觉非常的快乐自由。在和谐的班级氛围下，学生的行为规范要严格遵守教师所制定的各项规范制度，离不开教师的亲身示范和以身作则，还有奖惩分明的管理手段。

参考文献：

[1] 王莉 . 大班班级管理方法之我见 [J]. 文学教育 (下),2017 (07):180.

[2] 王健 . 浅谈小学班级管理 [J]. 学周刊 ,2014(05):233.

[3] 张冠琦 . 建立班级质量分析推进班级有效管理 [J]. 教育教学论坛 , 2017 (02):244–245.

[4] 王莉 . 大班班级管理方法之我见 [J]. 文学教育 (下),2017 (07):180.